U0165481

用藥少年

寫給老師的
校園法規與輔導實務

林俊儒 ———————————————— 主編

彭子玲・王修梧・吳芷函・陳玟如
林俊儒・黃子萍・彭偉銓・許嘉菱 ——— 作者

五南圖書出版公司 印行

推薦序

李俊宏／衛生福利部嘉南療養院成癮暨司法精神科主任

　　每一個時代，每一代人，都面對著特有的掙扎和挑戰。今日，當我們談到校園，往往聯想到的不再僅是學業成績、青春戀愛，而是隱藏在表面下，但卻愈來愈普遍的學生用藥議題。《用藥少年》這本書，正如其名，帶我們深入探索了這個被社會忽略，卻迫切需要關注的議題。

　　在當今社會，學生用藥的議題日趨嚴重，吸毒成癮的學生，不再只是新聞報導的案例，而可能是我們身邊的親近之人。面對這樣的現狀，我們應該怎麼做？書中不僅探討了學生用藥的成因，從家庭背景、心理狀態、社交壓力等多方面深入剖析，而且更重要的是，它提供了實際可行的介入方法，引導學生走出迷霧，重新找回生命的光亮。

　　當我讀到《用藥少年》這本書時，能夠明確感受到，每一頁都充滿了真切的關懷與深沉的反思。此書不僅是關於校園學生用藥的現象分析，更是一份寫給老師的呼籲與指引。當我們試圖理解學生時，我們往往從成績、行為、互動中去解讀他們，卻很少思考那些在冰山之下的部分。這些用藥的少年，很多時候並不是出於嚴重的道德敗壞或是反叛，而是尋找一個出口，一個讓他們能夠短暫忘記痛苦和困惑的出口。這是一種對生活、對未來的掙扎和求索。

　　老師是每一個學生人生中的重要人物，我們有責任去關心、去理解、去幫助他們。《用藥少年》提供了一個全新的視角，除了談及使用藥物相關的法規、種類與輔導技巧，字裡行間也告訴我們，每一個學生都值得我們去關懷，每一個學生背後都有他的故事。這不僅僅是一本談論學生用藥的書，更是一本談論愛、關懷和理解的書。

　　書中以真實案例為引子，帶領我們走進那些因生活壓力、情感困惑、社

交焦慮等原因而選擇用藥的學生的內心世界。這些案例不僅讓我們感受到學生的無助和迷茫，更使我們反思，作為教育者，我們是否真的理解他們？是否真的給予他們足夠的關心和支持？而在提及用藥行為時，我們可以運用怎樣的技巧來協助，其實也是指引我們在學生的生命道路上，當學生因各種原因而選擇走上用藥這條迷茫之路時，有人能夠伸出一隻溫暖的手，帶他們回到正確的道路上。

　　生命中最大的財富，不是你擁有多少錢，而是你影響了多少人的人生。推薦給所有關心學生、希望為學生創造一個更好未來的教育工作者閱讀。在這本書中，你將會找到答案，也將會找到希望。因為真正的教育是在心與心之間的連接，而《用藥少年》正是這樣一本書，它連接了我們的心，讓我們共同為學生的未來努力。

推薦序

李茂生 / 國立臺灣大學法律學院名譽教授

　　本書以校園內學生濫用藥物的處理為議題，從鳥瞰整個現況與制度的運作開始，細膩地介紹了諸多層面，內容包含了制度面上的特定人員名冊的提報、尿液篩選、各類通報，以及實際上處遇時的晤談與輔導的技巧等。當然，任何的制度設計與實務運作都有光與影的兩個側面，本書除了介紹各個層次的對應上複雜交錯，也提點了運用上可能會發生的障礙或陷阱，足供第一線的教育人員、社福工作者及司法相關人士參考。當然本書所預設的閱讀者是教育人員，所以就社福與司法方面的描述會比較簡略，其論述僅是讓教育人員理解其他機制的運作概要，協助他們能夠更有效地幫助出問題的學生。

　　本書從主編所著的〈導讀〉應該就可以讓讀者看清楚本書的全貌，於推薦文中再度描述本書的內容一事，不外是畫蛇添足。所以於此推薦文中，僅再度強調本書的一貫精神或態度，希望讀者能夠確實地掌握本書所提供的資訊，藉此積極地協助陷入困境的學生能夠脫離泥淖而獲重生。

　　我國從數十年前展開「反毒」政策開始，一直都以販毒與吸毒是戕害民族的違法作為為基本論調，不斷強調販毒與吸毒的惡害，甚至於將吸毒者定義成「毒蟲」，最初僅是利用監禁的方式，其後則是採取強制性「治療」的方式予以處理，但這些都是將之排除到社會邊緣的作為而已。雖然最近有將毒品分類分級，對第三級或第四級毒品的使用者採取較為寬鬆的對應方式，但社會對其基本的態度仍舊沒有改變，依舊認為他們是害群之馬，是一群意志不堅的墮落者。

　　然而，這些接觸到毒品的國民，有些其實是整體社會制度的「被害人」。前日本立命館大學教授岡本茂樹生前所著殺人犯系列著作《教出殺人

犯 II》（其實應該是 I，只不過在翻譯成中文時，時程較晚，所以變成 II）一書中強調行為人之所以會依賴藥物，主要是因為現實的社會中缺乏值得他依賴的人際關係。換句話說，藥物或其他物質的依賴，其實有更為深層的理由，僅是強制禁戒其對於藥物的依賴，根本就沒有辦法解決問題。若欲解決這些人的毒癮或藥癮，則必須前往其人生歷程的前階段，去發現問題之所在。而且更重要的是，當接觸到這類人的時候，絕對不能採取責罵或貼標籤的行徑，這會令其展開抗拒的態度，而應該用同理的態度理解、接納他們，進而釐訂並進行援助的策略。

　　本書所強調的事，可以從用語上的變化查知端倪。從使用、濫用到誤用，從毒品、藥物到物質，在在顯示去除「毒害」或「毒蟲」標籤的企圖。此外，晤談溝通技巧的叮嚀，以及通報立案、協調會議等都是為了實現未成年人的健全自我成長而運作的制度，絕非標示、監控或甚至處罰的制度的宣示或告知等，都是現在可以嘗試的努力。或許一些家長或社會大眾一時間仍無法從過去的洗腦深淵中爬出來，由民間司法改革基金會出版的這本書，可以促使第一線處理學生誤用物質問題的老師們，成為改變現狀的先鋒。讓我國的「反毒」政策，可以從監禁、醫療模式，走向社會整合模式。

推薦序

李雪莉／非營利媒體《報導者》營運長、《廢墟少年》及《島國毒癮紀事》
共同作者

  2017 年到 2023 年六年間，我帶著《報導者》的記者群出版了《廢墟少年》、《島國毒癮紀事》兩本書，這兩本書都碰觸了少年的議題，我們有機會採訪上百位的青少年、青少女，目睹社群時代的黑洞效應下，成癮性物質怎麼在他們之間流竄、交流、交易。

  這個世代，有超乎以往對於同儕與愛的渴望，以及透過金錢自我證明的衝動。

  在我們的田野裡，少年們為了證明自己「腳數袂穩」（kioh-siàu bē-bái）、有行情，在 LINE 或 Telegram 上購買笑氣、電子菸和大麻油、毒咖啡包；同儕因為好玩而窩在 KTV、汽車旅館或自宅一起分享與吸食，請喝酒的文化如今變成請吃藥的文化。時下的娛樂用藥，有用喝的、用吸的、用抽的，不一定得經過注射，成癮速度也不如以往施打毒品來得快，以至於施用的少年和他們的師長未意識到一切正在發生。

  政府在檢警調緝毒、醫療端戒毒上花了很龐大的資源，但成癮者要戒斷或減害，資源的耗費是很驚人的。其實最有效益的方法是做好前端的防毒與拒毒，或是在已接觸藥物但尚未成癮者的少年身上投注心力。

  管理學上有個「木桶理論」，大意是如果用參差不齊的木板做成木桶盛水，那麼它能盛下的水容量，並不是由木桶中最長的木板來決定，而是木桶中最短的木板決定，所以它又被稱為「短板效應」。我認為面對禁藥與毒品，社會的短板是在前端的教育體系，一來少年容易受同儕牽引，尚未成熟無法做出適當的判斷，需要師長的指引，但目前老師們的權威崩解，教育現場的老師對毒品的知能有限，一旦遇到施用藥物的學生，多半是盼著學生趕

緊休學、退學、轉校，避免造成班級管理與校方的困擾。

　　只是我們很清楚，一旦學生中輟、中離進入社區後，就失去學校系統裡的春暉與心理等輔導資源，複雜的社會關係與不穩定的生活節奏，也容易讓他們施用的藥物不斷進階，一路從大麻電子菸、K 他命、安非他命、海洛因往上爬。

　　因為對成癮者路徑的認識，我在閱讀林俊儒律師主編的《用藥少年：寫給老師的校園法規與輔導實務》一書時，反而有種振奮感，因為終於有一本書籍能把整備的知識交給學校裡的老師，包括「怎麼與用藥學生開啟對話」、「校園處理學生用藥的制度與空間」、「《毒品危害防制條例》的認識」（近年被利誘當了「鳥仔」和「小蜜蜂」運毒的未成年運毒人數在過去十年間成長了一倍）。此書作者群從心理、空間、法令等各種面向，非常用心地以情境和大量對話的方式，並佐以相關法令與適法性的釐清，相信對第一線的師長是很實用的知識工具。

　　我們常說知識是力量，但只有花心思理解用藥者施用的理由、不同藥／毒的特性，以及對第一級到第四級毒品的管制與法規，我們才有可能敏感地辨識出用藥者的面貌，同時有足夠準備地從學生的視角提供最佳的建議。但此書也不時提醒老師們「界限」的重要，因為成癮真是最難醫治的慢性病，如果老師接不住，至少要能知道轉介相關的資源（司法端、醫療端、社工端），但無論如何，總不要把學生「切割」出去，畢竟用藥只是表面的行為，學生用藥的背後是渴望認同或是想逃離痛苦。

　　相信這本書會是很好的「思考鍛鍊」，我們對於施用藥物者若能拋下「他們沒有救」、「怎麼樣都沒有用」、「反正就是要關、要懲罰」的成見，就是很重要的學習。也期待此書能成為現場老師與學生們關於藥／毒對話的起點。

推薦序

張育萌／臺灣青年民主協會理事長

　　我這兩年在國教署青少年諮詢委員會擔任顧問，曾有委員提醒國教署在藥物濫用宣導時，不要過度使用恐嚇策略，因為愈是對青少年提醒禁忌，青少年愈缺乏機會建立正確的認知，更可能因為好奇而曝險。

　　看見青少年諮詢委員的提案後，我訪談許多身邊的老師與學生，發現面對藥物濫用，多數的情緒是「焦慮」；儘管教育部訂出既定流程，許多老師面對散見在不同法規裡的規範，仍然擔心自己掛一漏萬，怕疏漏了哪個步驟，不小心就違反了規定；也因為對接下來可能會發生的事充滿未知，老師就算手足無措，卻更擔心若找人求救，會不會反而陷入失控的處境。

　　在幾場會議上，我看著手中公部門細心準備的藥物濫用宣導資料，以及近年來努力達成的成效數據，想起自己在高中時期上健康教育課時，老師要求我們背下「拒絕毒品的『天龍八不』」。當時由衷覺得好笑，因為課本裡的情境都距離現實實在太遙遠，沒想到竟然還要考試，默寫「天龍八不」的臺詞，我為了得分死記硬背，至今只記得「轉移話題法」，就是在「壞朋友」給我毒品說「要不要試點酷東西」時，回答他「還是我們去看電影好了？」

　　我知道這樣荒謬的經歷在臺灣並不特別，甚至到大學這可以成為回憶國高中的共同話題。教育過程中，我只感覺藥物濫用離我異常遙遠，而我也確實被教材「嚇怕」了，沒有任何動機主動去了解這些資訊。

　　直到自己成為兒少工作者之後，才發現這實在是件危險的事，如果沒有好好惡補，對規定與實務都陌生得讓人發慌。更可怕的是，若非大學讀相關科系，或有幸遇到在兒少工作領域、樂於分享的前輩，就算有決心想要了解規範，仍然可能因為缺乏資源而打退堂鼓。

　　我讀完《用藥少年：寫給老師的校園法規與輔導實務》，認爲這本書宛如寶典，不但彙整法規與實務，更適時提出批判。

　　作者們字裡行間都在溫柔地告訴讀者「別怕，你可以這麼做」，不只引導教育工作者在不同情境下的處理方法，也讓所有兒少工作者共同回顧，法規制度與實務執行之間的縫隙與落差。

推薦序

黃旭田 / 民間司法改革基金會董事長

　　看到《用藥少年：寫給老師的校園法規與輔導實務》終於問世，不禁回想起當年。

　　二十五年前，民間司法改革基金會（簡稱司改會）成立不久，就有了法治教育小組，我們的初心是希望由校園裡的老師來向學生介紹民主法治觀念，一起來厚植司法改革的動力，然而與老師們接觸後，才發覺老師們欠缺法律素養甚至全無法律常識，在校園裡面對家長與學生常覺得動輒得咎與無所適從。於是我把自己在校園演講的經驗作為基礎，與司改會的夥伴共同編寫了《老師，你也可以這樣做》的 Q&A 問答集。希望藉由校園現場具體問題的討論來幫助老師有合法且有效可行的做法。

　　後來法治教育小組的努力得到扶輪社朋友們的重視，我們共同在中華扶輪教育基金會下成立了「法治教育向下紮根中心」，其後中心改設在司改會下，直到 2000 年司改會的法治教育向下紮根中心獨立成為財團法人民間公民與法治教育基金會。持續藉由《公民行動方案》、《民主基礎系列：權威、隱私、責任、正義》、《老師，你也可以這樣做》、《老師，我有話要說》等教材推動法治教育。至於司改會的法治教育工作這幾年主要側重在校園模擬法庭、課程開發暨各式各樣的講座。

　　直到前年，俊儒律師提起《少年事件處理法》在 2019 年大修法後，對曝險少年採行政輔導先行，而與少年相處時間最長的除家人之外就是老師，究竟老師要如何協助少年？特別是面對用藥少年，學校的師長亟需協助！這讓我想起當年我們到校園宣導法治教育，有些律師會應學校要求不斷「恐嚇」學生，告訴學生「做○○、犯○○罪、最高可以關○○年」。我們認為這種做法只會使學生討厭法律，遠離法律，充其量只是效果不好的「犯罪防

制宣導」。我們心目中的法治教育是要講道理，讓學生了解這個社會為什麼需要規則，了解箇中原委，學生才會願意遵守規矩（權威）。了解責任的本質，學生才會決定要承擔責任。更不用說了解何謂匡正正義，才會明了對自己行為如何負責是合理的。尤其是校園的學生用藥問題，在整個社會長期有「吸毒等於重罪」的刻板印象下，老師協助學生時需要更多的知識，也需要更多的方法。經過討論後，大家決定要編寫一本像《老師，你也可以這樣做》的使用手冊，讓第一線的老師對用藥問題有所了解，對法令規定與制度運作也有了解，並且對實際上的做法給予必要的提醒，希望能協助面對用藥少年的老師們不再無助與困惑。

臺灣因《毒品危害防制條例》入監服刑的人數曾一度達監所受刑人總數的一半，目前（112 年 7 月）仍逾四成，司改會長期從事司法改革也關注監所改革，但現實是，大量的受刑人就難以大幅度改善受刑人處遇，也難以期待有好的教化而能幫助受刑人重返社會後不再犯。因此如果在少年用藥階段就給予幫助，應該有機會大幅減少入監服刑人數，這應該非常值得大家一起來努力。

感謝俊儒律師的發起，也感謝每一位執筆及參與討論的夥伴，願意一起為臺灣、為臺灣的老師、為臺灣的用藥少年盡一份心力，希望老師們覺得有幫助，並且實際幫助到用藥少年或能夠減少用藥少年，這將是我們最大的欣慰。

本書工作團隊

主編

林俊儒：政治大學法學院博士候選人、執業律師

作者（依章節順序排列）

彭子玲：烏犬劇場藝術總監

王修梧：臺灣失序者聯盟理事長

吳芷函：輔導教師、諮商心理師

陳玟如：臺北大學社會工作學系助理教授

林俊儒：政治大學法學院博士候選人、執業律師

黃子萍：更生少年關懷協會社工督導

彭偉銓：新北市少年輔導委員會社工督導

許嘉菱：高雄少年及家事法院少年調查保護官

諮詢協力（依筆畫順序排列）

余文友：資深輔導教師

李昀：臺灣精神受苦者群聚會發起人

林千苓：臺北地方法院少年調查保護官

張淑慧：臺灣照顧管理協會理事長

黃旭田：司改會董事長、執業律師

潘蓓臻：司改會組織倡議部副主任

審閱委員（依筆畫順序排列）

李俊宏：嘉南療養院成癮暨司法精神醫學科主任

李思賢：臺灣師範大學衛生促進與衛生教育學系教授、台灣減害協會理事長

陳娟瑜：陽明交通大學公共衛生研究所教授

謝如媛：政治大學法學院教授

經審閱委員無償審閱書稿，並提供專業意見，認為全書並無顯然不當及錯誤。惟其書稿並不代表審閱委員意見，審閱意見亦悉由作者決定是否採用，文責均為作者群自負。

導　讀

林俊儒

　　電影《少年吔，安啦！》（*Dust of Angeles*）畫面中，北港少年阿國流連撞球場，並躲在閣樓施用安非他命，是 1990 年代臺灣社會的重要面貌，也是 1990 年將安非他命列入《麻醉藥品管理條例》管制、成立春暉專案推動小組，並訂頒「各級學校防制學生濫用藥物實施計畫」的背景；可說是晚近臺灣青少年藥物處遇與教育政策的濫觴。此後，經過本地法制的變動（如1998 年《毒品危害防制條例》）、國際人權公約的挑戰（如 2014 年《兒童權利公約施行法》），以及防治策略的轉變（如 2014 年的紫錐花運動、2017 年的新世代反毒策略），政府持續在不同層級調整青少年藥物處遇與教育政策。

一、走向「行政輔導先行」之後

　　近期最大的變革莫過於 2019 年修訂的《少年事件處理法》，將虞犯事由從七項縮減至三項，「施用毒品或迷幻物品之行為而尚未觸犯刑罰法律」者列為曝險少年，採「行政輔導先行」。2023 年 7 月 1 日之後由縣市政府所屬跨局處少年輔導委員會（簡稱少輔會）輔導。依照《少年事件處理法》第 18 條第 5 項，少輔會應「結合福利、教育、心理、醫療、衛生、戶政、

警政、財政、金融管理、勞政、移民及其他相關資源，對少年施以適當期間之輔導」。僅在少輔會評估有必要時，方得請求少年法院（地方法院少年法庭）處理。期能藉此翻轉虞犯印記，強化行政與司法部門的協力，調節《兒童及少年福利與權益保障法》與《少年事件處理法》的磨合。

此變革會帶來什麼影響？舉例而言，在未成年學生施用第三級及第四級毒品時，春暉小組可以通知少輔會人員列席會議、請求適當期間之輔導，又或者通知少輔會人員對於休學中輟或中途離校之未成年學生提供輔導，甚至必要時採取共案合作的方式。從整體制度的機能觀察，「行政輔導先行」不只是認定爲曝險少年後的輔導處遇，也不僅是資源統整問題，更是整體預防策略的核心。在行政諸多面向中，如果少年未離開校園，教育系統即與少年發展有著重要的連結，而作爲行政部門一員的教師要如何迎接「行政輔導先行」？又要如何適法地回應社政單位與司法單位的需求？將會是此制度變革能否成功的關鍵。

二、以學校爲基礎的干預措施

青少年生理變動巨大，情緒調節與認知推理正快速發展。在此同時，也經歷教育階段轉換、朝向職涯過渡，乃至於建立親密關係，甚至成爲父母。這段時間所經歷的風暴，將使得青少年處於物質使用的高風險階段。再加上青少年時期大腦仍在發育，用藥風險亦遠高於成年人。這也是爲什麼《兒童權利公約》第 33 條要求「締約國應採取所有適當措施，包括立法、行政、社會與教育措施，保護兒童不致非法使用有關國際條約所訂定之麻醉藥品及精神藥物，並防止利用兒童從事非法製造及販運此類藥物」。在在顯示青少年用藥早期干預措施的重要性。相較於社區或媒體，「以學校爲基礎的干預措施」更易於執行及管理，同時學校也是接觸青少年最爲廣泛且頻繁的場域，可以說是早期干預措施的「重中之重」。

如何布建以學校為基礎的干預措施，是千頭萬緒。再加上資訊取得方便，傳統的預防及處遇策略已經漸漸難以說服曾見聞或有實際用藥經驗的青少年。從學生藥物認知、藥癮成因及發展歷程制定的防治方案，亦有著不同的關懷與重心。舉例而言，預防策略從重視實際社交技能演練，轉向青少年觀點與決策能力，乃至於整體學校正面氛圍的營造。又，處遇策略在將生態（個人、家庭及社區）因素納入考量之外，也評估文化變量的影響（行為、規範、語言及信仰，乃至於物質使用的規範信念），以具體回應青少年在暴露風險之下健全成長的議題。

三、臺灣在地經驗的累積與發展

面對法制變動及典範變遷，實務工作者在除舊布新之際，也不斷地來回於不同的知識主張及實務運作之間，摸索、回應臺灣在地故事的策略與路徑。本書集結長期耕耘青少年工作的夥伴，從劇場工作者、少年調查保護官、諮商心理師、輔導教師、同儕經驗者、大學教授、律師到社工，共同聚焦以學校為基礎的早期干預措施，希望透過現身說法，提出思考議題的可能框架，以法令及輔導知能為基礎，讓第一線的教師有著可以相互對話的語言，描述現象及問題，並且避免誤觸法網。同時期待透過經驗與故事的分享，刺激出更多的想像與做法。

本書編排以青少年用藥風險及基於嚴重性的干預程度區分，從第一篇至第三篇，分別對應通用性預防策略（看見校園學生用藥議題與介入）、選擇性預防策略（校園回應學生疑似用藥的制度空間）、指示性處遇策略（校園處理學生確實用藥的制度空間）。如果簡化地說明，讀者可以將其理解為第一級至第三級預防的輔導作為，亦即發展性輔導、介入性輔導、處遇性輔導。循此，第一篇先透過案例故事引導讀者理解校園用藥議題，並在初步描述現況表徵後，廣泛性地說明與學生相處與談話的技巧。第二篇觸及較為深

入的用藥議題，呈現青少年用藥的整體認識，並簡要解釋《毒品危害防制條例》及其常見誤解，同時說明提報特定人員名冊的做法及利弊。第三篇則屬處遇策略的篇章，將細論制度法規及其做法，包括個案會議的安排，並從校安通報、兒少保通報及司法程序三部分具體說明。

（一）何以看見與介入：行動之前的反思與確認

　　預防策略的焦點不只是如何讓學生理解用藥議題，更在於教師對於用藥議題的掌握及作為。以往常見透過「向毒品說不」（Just Say No）的宣講來勸阻學生遠離毒品，已經難以招架瞬息萬變的社會。面對這個問題，相較於將學生視為被動聽眾，論壇劇場（Forum Theatre）將學生放在主動位置，透過演出社會議題，打破臺上與臺下、演員與觀眾間的界限，讓所有人能夠共同參與對話，成為青少年工作者運用的工具。彭子玲在〈反毒，需要一個村莊一起努力〉一文，以巡演論壇劇場及青少年工作的經驗出發，邀請讀者思考學生如何接觸毒品？又如何讓開放性的對話發生？這種互動形式可以說是大型的個案研討，藉由故事的因果鏈探問毒品議題各個面向。這是安排校園活動的重要提醒，以期讓更多真摯而誠懇的討論得以發生。王修梧在〈在學少年與非法物質使用：現況鳥瞰〉一文則從現象面出發，開闢另一種不同於劇場的「身歷其經」感受。在描繪校園用藥的實況圖像之後，以判決故事呈現學生接觸毒品的路徑，對比新聞報導，持續提出探問。

　　相較於前二篇側重議題反思，吳芷函在〈相處與談話技巧〉回到教學現場，細膩地從談話者立場檢核、談話的操作型定義、當事人資訊蒐集、重要他人態度與期待，說明談話「之前」的準備，具體指出如何透過營造友善的談話環境、建立工作同盟、資料蒐集，以及用藥議題探討，讓談話「之中」成為處於建立關係的模式；並且提醒會談室「之外」的位置差異。作者將談話視為整體協助歷程的一部分，從學生的生命脈絡看見困境，作為導入資源的基礎。此外，社會語言學認為人們對待他人的方式受到命名或形容詞影

響，不當的語言使用將帶來污名，也不利於溝通。作者循此所整理之校園常見 NG 談話彌足珍貴，將有助於溝通的開展。

（二）逐步走進深水區：基礎知識的整備

　　當讀者要展開更進一步的行動之前，對於學生用藥議題應有基本的認識。陳玟如在〈校園兒少用藥的基本認知〉一文，鉅細靡遺地彙整常見法定毒品的屬性、使用方式、使用效果、戒斷症狀、副作用、其他風險。同時從藥理學結合社會學視野，邀請讀者從用藥屬性辨識青少年的需求、理解購買毒品方式及其風險，乃至於觀察購買毒品價格的意涵，覺察青少年所處的狀態，並提醒其中得以減少傷害（Harm Reduction）的方向。基本認識尚且包括法學層面。林俊儒在〈毒品危害防制條例的認識〉一文，以言簡意賅的用語及案例，描述法制框架，以期讓讀者能夠藉由掌握處罰樣態，澄清青少年對於毒品法制的誤解。

　　掌握這些基本知識之後，讀者可以回到一級預防層級設計課程活動，也可以在二級預防層級處理高風險個案。林俊儒在〈提報特定人員名冊的規定〉一文簡介現行制度流程，從法規面區分對象、流程、效果、結果說明；在此同時，也希望讓讀者理解此項基於風險控制而來的制度有何侷限，以及可能的實踐方向。

（三）如何面對用藥：處遇的交錯執行

　　得知學生確實施用法定毒品，教育、社政及司法單位隨即湧現複雜的流程。在進入這些細節前，林俊儒在〈三軌流程概觀及其工作方向〉從程序定性及流程鳥瞰出發，提供教育人員工作方向的建議，同時具體闡釋何謂以兒少健全成長為核心（兒少健全成長的內涵、避免程序成為傷害來源、兒少基本權利之告知與說明）、釐清個案用藥情況與背景（所涉罪名、通報來源、背景環境）、教育人員的義務及安全確保（告知義務、通報與保密義務、安

全的確保）、建構並運用多元的合作關係（靈活多變的協作位置、與家長之間的合作），讓讀者得以見林後見樹。

　　不同單位的協作，不能只有抽象的方向性建議，更需要務實的會議安排。吳芷函在〈召開個案會議的方式與技巧〉一文，詳盡地從召開會議的主體、會議目標方向、行政工作的預備、凝聚工作同盟的共識，檢視「會議之前」的工作；在「會議之中」確認共識、分工討論、同步記錄；在「會議之後」執行進度追蹤及資訊交流媒介的運用。此外，更面面俱到地提醒讀者，連同不同工作位置與立場牽動的責任歸屬，以及少年前案紀錄與個人資料運用，都要納入會議安排的考量。

　　接下來三個單元將分別從教育、社政及司法單位的程序說明用藥青少年處遇執行的細節。首先，林俊儒在〈校安通報：法規與輔導實務〉一文，以案例為前導，勾勒春暉專案的輔導流程，此間尚延伸探討警方協請校方配合辦案、校方搜查學生私人物品等法律問題，說明校園輔導普遍面臨的適法性爭議。接著，林俊儒、黃子萍、彭偉銓在〈兒少保通報：法規與輔導實務〉一文，[1]於探討通報責任意義後，從線上通報、分類派案、調查報告、提供處遇到結案，說明具體流程與時程，以便教師能夠了解社政單位的工作進度，並指出與社工合作的可能方法。最後，許嘉菱在〈司法程序：少年司法與校園的互動〉一文，精準地描述不同法定毒品行為樣態的少年司法程序，並指出教師得以與少年法院共同協助少年健全成長的方法，內容包括如何查詢或聯繫少年的調查保護官等「最重要的小事」，乃至於細膩且歷時性地描述審前調查、開庭審理以及保護處分執行。在此同時，也臚列實務常見問題作為參考，讓教師陪伴學生面對司法時能有更清楚的理解。

1　「兒少保通報」係指「兒童及少年保護通報」，此為實務工作者的慣用語，全書將以「兒少保通報」稱之。

四、在實踐之中不斷地探問

在實踐中不斷探問物質使用的科學與社會性質，從而尋找適切的回應方式。舉凡醫療作爲、社會支持，甚而略帶強制色彩的管理性措施，都可能是在不同階段採取行動的方向。身處在實務現場，於理論及位置間擺盪，有時因爲心力有限而疲倦不堪。然而，與其簡單地拒絕（儘管這樣的選擇如此誘人），梳理工作環節並形塑對話共識，從中指認哪些要素可以運用或調整，才是務實的長久之計。也因爲如此，本書並不是要提出行動指南，而是透過法規與輔導知能的框架描述與經驗分享，鼓勵更多人現身，往下一個階段前進，並從中摸索出更多的可能。

目錄 contents

第一篇
看見校園學生用藥議題與介入

反毒，需要一個村莊一起努力

彭子玲

一、學生覺得最無聊的毒品防制宣導是什麼？

讓我們先承認一件事吧！就是一般的毒品防制宣導短劇，學生會覺得很幼稚、很無聊。

大部分的毒品防制宣導短劇都會有一個反派，這個反派像是大野狼一樣，會拿出咖啡包來誘惑小紅帽。而大野狼也會有很多話術，例如：使用咖啡包不會上癮等。短劇的最後，會是問答發禮物的時間，學生大部分只要回答：「要」、「不要」、「會」、「不會」，就可以拿到小禮物。（尤其是給小學生的教育宣導劇。）

學生看完這類型短劇以後，會知道「新興毒品會用咖啡包的樣子來偽裝」、「販賣、使用這類毒品是犯法的」、「毒品會造成身體永久性的損害」。

上述的三個知識是被放置在戲劇情節裡的要素，給學生的毒品防制課程裡通常也不脫離它們，只是把這三個要素說明得更深入而已。

那麼為什麼學生上這類課程會覺得無聊呢？

其實真正的原因是，這類短劇沒有真實的前後文。

二、你自己有那麼容易拿到毒品嗎？

如果你／妳是學校教師，在心情最不好的時候，也許會走到便利商店買瓶酒或是買包菸，這大概是大部分的成人世界裡最傷害身體的舒壓方式了。

但是，如果再激進一點，在心情不好到頂點時，你決定今晚要克服道德壓力，買個 3 克的大麻讓自己放鬆，你知道在哪裡買嗎？找哪個朋友會有大麻？什麼地方有可能賣大麻？大麻多少錢？交易過程要在哪裡？

假設你沒有朋友在賣大麻，但你有一股冒險精神……決定今晚到一家 Pub 碰碰運氣。那你要穿什麼衣服？找哪些朋友去？要化什麼妝？要散發什麼樣子的荷爾蒙才能變成別人眼中的可能買家？

如果上述的情況你都嘗試過，但還是沒有辦法買到大麻，那你才會好奇一件事：學生到底是怎樣碰到毒品的？

回到最開頭的宣導短劇故事模組，就是大野狼跟小紅帽的故事，我們會看見一個脫離現實的角色設定：小紅帽是一個無知的受害者。

真正有機會碰到毒品的學生，絕對不是一個完全無知的受害者。這是學生之所以覺得毒品防制課程很無聊的最大原因，因為戲中的主角是虛構、不存在的；戲中的主角完全不會讓學生去投射，讓他覺得自己就是小紅帽。

三、學生碰到毒品，是因為他交了壞朋友？

我們推論學生會碰到毒品的可能原因，通常會得出一個答案：「這個孩子的交友圈很複雜」。

這個答案對毒品防制議題，也是沒有實質幫助的因果推理。因為對大部分的人類來說，「你需要這個朋友，才會交這個朋友」。不是因為這個朋友好或是壞，而是你「需要」。

學生喜歡打籃球，所以他「需要」有很多一起打籃球的朋友；學生喜歡

跳舞，所以他會「需要」能跟他一起去學跳舞的朋友；學生喜歡吃拉麵，所以他「需要」能有經濟條件常常相約去吃拉麵的朋友。

所以，學生喜歡吸食毒品，所以他需要能賣毒品給他的朋友？這個朋友就是我們定義的壞朋友？

其實，我們之前談到的宣傳短劇是很成功地深植「使用毒品會造成身體損傷」在學生的腦袋裡，所以不會有學生想要自己的身體損傷。從這個邏輯出發，我們通常會再繼續推論：「所以，學生使用毒品，是因為他好奇了！大野狼就是利用學生的好奇心來達成牠的目的。」

別鬧了，真正有機會碰到毒品的學生，絕對不是一個完全無知的受害者。

符合現實的邏輯是：「**學生會需要某些特定的朋友，吸食毒品是為了讓這類朋友不要離開他。**」而那些特定的朋友，絕對能滿足這個學生在日常生活中遇到的挫折、孤單或絕望。**特定的朋友真正販賣的不是毒品，而是這個孩子生命裡缺乏的情感。**

四、學生到底是對什麼上癮？

談到現在，讓我們先把「毒品」從毒品防制的議題裡拿掉，因為我們對毒品的恐懼，會讓我們看不見使用毒品的「人」。人為何需要毒品？學生究竟是對什麼上癮？這個提問，才會有機會讓我們逼近問題的核心。

我曾經教過一個孩子，她本身就是被列入學校高關懷的主要對象。在複雜的家庭背景之下，她極度需要愛情，但是她並不是一個好的情人：她會利用割腕或自殺來威脅她在乎的人來關心她。這種情感表達的模式，會讓她的朋友或是曖昧的對象更遠離她。

有一天，她沒有來上我的課，我在下課時間打電話給她，她告訴我她前一晚到早上才睡著，而且身體很不舒服，我告訴她先好好休息；準備結束通

話時，沒想到她突然很恐慌地告訴我，她昨晚拉 K 了。原因是她的乾哥哥看她沒有朋友、孤單到想要去死的地步，給了她 K 他命。

她講到這裡，忽然很緊張地告訴我，其實她乾哥哥是好人。她知道他平常有使用 K 他命，但他從來不讓她碰毒品，昨晚是因為她的狀態太糟糕，他才想到這個解決辦法。

我不是學校裡的教師，我教她表演課的地點也不是在學校，但我還是第一時間打電話給平常密切合作的警察與毒品個管師尋求幫忙。因為我無法一個人處理這件事。

大家經過密切討論後，我們並沒有第一時間去追問她毒品的來源。因為販毒的人是永遠抓不完的，但是這個女孩如果當時沒有那位乾哥哥，我們怕她生命裡會連最後一根稻草都沒有了。接下來就是啟動社工系統，用主動家訪的方式去靠近那女孩。

這個經驗深深影響我在之後對於毒品議題的思考，因為這孩子並非是對毒品本身上癮，而是透過使用毒品來向這個世界求救。

回到毒品防制的討論，我們究竟要跟學生談什麼？

五、最不敢討論的禁忌，才會是學生最感興趣的話題

「因為使用毒品會有很可怕的後果，所以我們不能碰到毒品。」這是我們最常在毒品防制的課程裡使用的因果邏輯。

在這種邏輯底下，會深植一個觀念在學生的腦袋，就是「使用毒品等同犯罪行為」。如果這觀念根深蒂固，當學生犯錯時，他絕對不敢跟任何人討論，也絕對不敢跟任何人求救。

我們都知道青春期的孩子情緒遠多過理智，而且他們解決事情的方法常常會把事情愈處理愈糟糕。使用毒品本身是一件事，但他們處理「使用毒品之後所帶來的麻煩」的辦法，真的會把他們整個生命都毀掉。

如果我們調整一下使用毒品的因果邏輯，讓學生知道使用毒品是果，真正的原因是他的生命遇到挫折與困難，那會發生什麼事？

我用這邏輯跟所有孩子討論，發現他們像緊箍咒終於被鬆綁一樣，滔滔不絕地跟我分享自己不敢讓人知道的所有心事。他們跟我談性、談感情、談家庭、談情勒、談交友軟體、談許許多多我想都沒想過的世界。

他們真正的煩惱，有些甚至是小到我想都沒想過！

幾年前，我帶領一個都是高關懷學生的班級，裡面有個男學生總是把拉K掛在嘴上，彷彿會拉K的他是個與眾不同的存在。在好幾堂課程以後，他逐漸卸下心防，開始像個孩子一樣分享自己的故事。有次在課程中，他忽然沒頭沒腦地認真問我一個問題：「老師，打手槍太多真的會陽痿嗎？」

在場其他學生傻住，我也愣了一下。但沒有任何人笑出來，大家都期待我的回答。

「不會。你這年紀就算一天打三至五次都還在健康的範圍裡。」我講完之後，他終於不好意思地笑了，臉上多了一種如釋重負的表情。

你們能想像，一個能輕易拿到K、也拉K的孩子，最煩惱的事情不是拉K之後自己的身體狀況，反而是打手槍會不會陽痿嗎？這個疑問的背後，代表著在這孩子的生命裡，沒有一個成熟的大人能讓他信任，他真正需要的不是毒品的相關知識，而是生命裡能有一個不要讓他非得孤獨地橫衝直撞才能活下去的陪伴。

如果要進行毒品防制的課程，就要有勇氣去跟學生談論所有禁忌的話題。甚至，在我接下來要說的「論壇劇場」案例裡，我們直接跟學生討論學校體制的通報系統是否合情理。

論壇劇場跟一般舞臺劇很不一樣，它是一種打破觀演隔閡的演出形式。簡單來說，它是能直接讓「觀眾參與」或改變故事結局的議題討論形式。

六、論壇劇場～他和她的秘密

　　「論壇劇場」的前身是「被壓迫者劇場」。在冷戰高峰的 1960 至 1979 年代，Augusto Boal 在拉丁美洲發展出「被壓迫者劇場」，並運用這套劇場方法，與民眾探索冷戰框架下各地的社會矛盾與其背後的政治經濟壓迫結構。其後，它成為全球反殖民、反資本主義的社會改革行動。[1]

　　我簡單地描述一下論壇劇場的形式。與其說論壇劇場是戲劇演出，不如說論壇劇場是一個大型的個案研討。從頭到尾會有一個主持人帶領觀眾深入討論一個事件的前因後果，以及該怎樣讓事件不要走到最悲劇的那個結局。在論壇劇場裡，前半段的戲劇演出，是讓觀眾了解事件是怎麼發生的。但是後半場的演出，是主持人與觀眾討論過後，由觀眾上臺取代扮演其中一個角色，看看能不能「翻轉」故事裡主角的命運。

　　「論壇劇場～他和她的秘密」，是烏犬劇場與新北市衛生局毒品危害防制中心一同發展出來的校園毒品防制工作方式。論壇劇場的進行是有其嚴謹與複雜度的，在這裡我不著墨於戲劇上的操作，我想用故事的方式來跟大家討論與青少年工作時的切入角度。

論壇劇場～他和她的秘密

　　剛上高中的江曉婷交了一個校外的男友，兩人感情發展迅速，曉婷的第一次也給了他。沒想到那位男友竟然劈腿另一個女生，江曉婷氣不過，把兩個人都約出來三人談判，最後鬧得不歡而散。

　　分手一個月後，她發現在學校裡大家對她的反應很奇怪：分組的時候沒有人跟她一組，甚至她想約朋友出去玩的時候，大家都在躲著她。

---

[1] 引自 Augusto Boal 對論壇劇場的論述，對論壇劇場本身有興趣的人可閱讀《給演員與非演員的遊戲》一書。

有一天，她在學校頂樓遇到很久沒說話的朋友阿豪，才知道原來在網路上流傳著許多關於她的謠言。

「聽說她同時跟另外一個男生交往，劈腿女！」「聽說她皮夾裡都有準備保險套，天啊！」「聽說她交友很廣闊，每天晚上去夜店。」「聽說她到處借錢沒有還。」「聽說她好像拿過一個小孩。」「聽說她的興趣是搶別人男朋友，她說要收集到 12 星座。」「聽說她還拉 K 被抓去驗尿！」……

阿豪告訴江曉婷，除了曉婷之外，大家都被拉入一個叫做「靠北不要婷」的 LINE 群組，群組裡有 200 多人，同班或不同班的人都在裡面。江曉婷頓時陷入一種恐懼，她愈來愈不敢上學，每天只能透過交友網站尋找一些陌生人分享心事。

有一天，學校輔導教師主動找江曉婷約談。輔導教師的溫柔卸下了江曉婷的心防，讓許久未露出笑容的曉婷抓到能支持她的浮木。這也讓江曉婷決定告訴老師一個最大的秘密：

就在昨天，在曉婷心情最沮喪的時候，她跟交友軟體上不認識的人一起去了 KTV，在酒精的催化下使用了 K 菸……

年輕的輔導教師慌了，決定遵守規定跟學校通報。但是對江曉婷來說，通報就等於讓全世界都知道她的秘密，包含她最不想告知的父親。

不被世界了解的江曉婷一個人失魂落魄的來到學校屋頂，正當她沮喪到想要跳下去的時候，阿豪出現了，阿豪很想阻止、斷掉她想要毀掉自己的念頭，但阿豪卻不知道，曉婷已經不想再相信任何人了……

我們當然不會真的演出江曉婷跳樓的那一刻，但是我們會把故事停在江曉婷接到被學校通知後氣急敗壞打電話罵江曉婷的爸爸的聲音。

然後，我會問在場所有學生：「你們覺得江曉婷會怎樣渡過今天晚上？」

幾乎所有的學生都會回答我：江曉婷不敢回家，她會再去找 KTV 的朋友。

我會繼續追問：「你們不覺得很奇怪嗎？明明同學阿豪想幫她、輔導教師也想幫她，通報系統的目的也是要幫助她，但為什麼反而會讓江曉婷繼續去找 KTV 的朋友？繼續遇上毒品問題？」

相信我一件事，實際討論到這裡時，坐立不安的不是學生，而是隨班的教師。甚至有學校輔導教師會擔心學生看到這一段情節後，會再也不信任學校。

儘管如此，請注意，上面故事是有破口[2]存在的。

在上述案例的劇本裡，我們讓阿豪用粗糙的方式來同理江曉婷；也讓經驗不夠的輔導教師表現出慌張。這些設計是讓觀眾能有思考「如果將自己帶入角色，我能做什麼？」的更好的空間。

與觀眾互動時，有學生認為破口是教師不要通報；有學生認為是教師通報應該更細緻；有學生認為破口是阿豪應該要跟江曉婷告白；有學生認為破口是爸爸不應該這樣罵江曉婷……

但是不論學生認為破口是什麼，大家都有一個具共識的前提：**「毒品」不是重點，重點是江曉婷生命的困境該怎麼解決。**

江曉婷惹上了麻煩，想要解決卻引發更大的麻煩，等到發覺時，麻煩已像滾雪球般愈滾愈大，最後連自己生命都差點賠進去。可是，她一開始只是想交個男朋友而已。

如果學生看完故事，覺得輔導教師不應該通報，我們就會邀請學生上臺扮演教師，回到江曉婷告訴教師她昨晚不小心吸食 K 菸這段戲劇點的當下，

2　「破口」是論壇劇場操作裡的專業術語，也就是編劇在創作劇本時「故意」放進去的「行動契機」。它是讓觀眾看完之後，能夠去找到這些破口，並且思考：「如果那時候做了什麼改變與行動，就會影響整個結局？」

由學生與扮演江曉婷的演員繼續把故事推演下去：

「老師，我昨天不小心用了 K 他命。你可以幫我保守這祕密嗎？」（演員會引導學生進入情節。）

「可以，我不會告訴任何人。」（學生通常會直接這樣回答。）

「太好了！老師，你知道我真的覺得快活不下去。我真的很想找人聊聊。」

「可以啊！你隨時來找我。」

「那你可以給我你的電話，我覺得快撐不住時打給你？這樣可以嗎？」（演員會給學生看手上的自殘痕跡。）

「可以！」（學生通常會開始不知道怎麼接話，開始遲疑。）

「太好了。我終於找到人可以幫我了。老師，我半夜可以打給你嗎？」

「嗯……好！」（學生不是演員，無法即興對話，他們會努力表達支持的態度。）

「老師，我可以再跟你說一個祕密嗎？」

「好，你說。」

「我昨天去 KTV 時，他們有人在拍照。我用 K 他命的那時候有被拍下來。然後……他們要我今天也去，老師你覺得我該怎麼辦？」

「……」（學生通常在這時候就會傻住，不知道怎麼回應，臺下學生也會驚呼。）

上面的情節，當然是我們事先就與演員沙盤推演過的故事。我們的用意是突顯「**為何我們需要通報系統**」。因為江曉婷所遇上的麻煩，就算是現實世界裡的成年人都很難一個人處理。江曉婷昨晚用的 K 他命是否摻雜其他成分而影響她的身體？她被霸凌而自殘的問題怎麼辦？要先處理自殘還是先

處理霸凌？

　　沒有教師有辦法一個人又當醫師、又當心理師、又當社工，甚至下班之後還要當孩子的替代爸媽或朋友。這是通報系統背後需要引入系統性資源的最重要核心。

　　說到這裡，你／妳可能會問：你們在論壇劇場的互動中既告訴學生，通報會引發學生（江曉婷）不信任學校；又告訴學生，不通報不但會壓垮一個教師，更可能同時害了學生（江曉婷）。那你們到底是想要怎樣？

七、別以為告訴學生不要吸食毒品就可以解決所有的問題

　　有一所學校的組長在看完整個論壇劇場後，跟學生分享一個真實案例。她說情節幾乎一樣，除了最後沒有吸食毒品被發現而引發自殺動機。

　　在真實個案中，學校組成了春暉輔導小組來處理，當然也細緻地邀請女學生的家長一起來討論。女學生決定提告，家長也支持女學生的決定。但是，學校發現因為散布謠言的是校外學生，學校是無法處理學校以外的事情。也就是說，學校最多只能用校規處理校內協助散布謠言的學生，但若女學生想要直指最初的造謠者，需要由家長出面向法院提告。

　　最後那位女學生的家長決定出面向法院提告，並與學校合作從不同角度支持這個孩子。

　　整個過程耗費數個月，出動許多不同領域的專業工作者才完成。也就是說，如果江曉婷真的出現在現實世界，而我們要真正從「心」去拯救這個孩子的人生，我們需要一整個社會支持系統。在這個系統裡，我們不是把江曉婷推給不同單位（如丟給教官或丟給輔導室），而是所有單位的人一起做一些事情才有辦法。

　　「毒品」是一面鏡子，它反映的是發生在學生身上，包含家庭、人我關係、交友、自我價值等複合性的問題。同樣地，毒品這面鏡子也會讓我們必

須回頭檢視，我們現有的通報系統是夠好的社會支持網絡嗎？如果江曉婷進入通報程序後，有其他白目學生發現曉婷每週都需要驗尿，散布她的秘密了呢？如果學校處理類似案例經驗不夠，不同處室把責任推來推去呢？學校成立的輔導小組能同時處理霸凌問題跟毒品問題嗎？還是一個小組處理霸凌、一個小組處理毒品、一個小組處理自殺？

　　即使青少年看似還沒長大，但我們的教育體制裡該不該誠實地告知學生：「對！你／妳遇到的麻煩超複雜，需要很多人一起想辦法才能真正解決。而且你／妳是最核心的角色，我們需要你／妳主動站出來。我們所有人要一起幫助你／妳，讓你／妳變成解決你／妳自己問題的專家！」

八、我們不能讓學生在體制裡覺得羞恥

　　對一般社會大眾而言，「毒品」是被妖魔化的標籤。除非你是相關專業工作經驗的人，不然不太可能從「藥物濫用」的角度去思考毒品。我們用「毒品」這個標籤在社會上構築出了一道紅線保護大部分的人，但少部分跨出這道紅線的人也非常難再回到紅線另一側。除非紅線不再存在。

　　我們會用論壇劇場的故事來跟青少年討論，最重要的切入角度就是：我們假設你會犯錯。但我不會指責你做錯選擇，我會思考如何建構一個足夠安全的支持系統，來幫助一個青少年的生命。我會讓青少年知道，毒品只是壓倒駱駝的最後一根稻草，但我們更要去看見真正壓垮駱駝的是什麼；我會讓青少年知道，沒有一個選擇是不能被原諒的，因為沒有人這輩子都不會做錯選擇；我會讓青少年知道，真正阻礙你回到正向生命循環的，是這個社會帶給你的「羞恥感」。

　　如同在故事裡，江曉婷面對跟「性」有關的網路霸凌時感到羞恥；這種必須隱瞞的羞恥感，會讓她去尋找跟她一樣有羞恥感的人相互取暖。她不認為學校裡的朋友會接納她，不認為教師會接納她，更不會認為自己的父母能

接納她。所以她下意識的每一個行動選擇，都會往紅線的邊緣走。

「反正我就是爛，我就這樣墮落下去吧！」是青少年在遇到麻煩時最容易出現的念頭。

這種念頭會讓孩子逐漸變成受害者，然後完全的受害者會發展成另一個加害者，變成不斷持續的負向循環。這也是臺灣無法從根源處理毒品問題的真正原因之一。

因此，讓學生從一開始遇到問題時就願意求助，成為我們整個討論過程裡最重要的軸心。

搭起一個跨越學校體制內與體制外的支持系統網絡，是我們整個校園巡迴計畫裡的關鍵。

我們（烏犬劇場）與新北市衛生局操作論壇劇場前，會先跟學校開一次會。我們會先了解這所學校裡面的求救資源，以及學生發生類似問題可以找誰，然後邀請校方派教師出席論壇劇場，在最後的討論時站出來打槍我們：「我覺得你們戲裡面的老師做得不好，他哪裡哪裡有問題。如果是我們，我們會……」

我們會告訴學生：我們希望你們不要遇到像江曉婷這類的事情，但如果你遇到了，不論在哪個階段，都不要放棄求助。如果你真的不喜歡學校教師，還有學校體制外的資源可以運用；你覺得活不下去時可以撥打 1925 專線；如果你有朋友遇上毒品的問題，你也可以撥打毒防中心諮詢專線 0800-770-885，接電話的人能告訴你網路上查不到的真正資訊。萬一你打電話時發現自己跟講電話的人不對盤，那就 5 點半之後再撥打一次，因為會是另一個人接電話。

總之，持續地找資源救自己。

你可能不會幸運地馬上遇到對的人，但只要不放棄求助，這世界一定有對的人可以幫助你。也許不是一個對的人，而是十個人，每個人只要對一點點就夠了。重要的是，你不可以放棄你自己，你的生命是最珍貴的事。

九、我們也不能讓老師在體制裡覺得無助

對第一線的教師來說，光知道毒品通報的流程是不夠的，因為 SOP 沒有情感；但若要教師幫助一個學生，則需要有很深的情感交流，學生才願意信任教師。

更何況，學生對通報機制常常存有很大的誤解。

數十場的校園巡迴裡，我們發現大部分學生都認為：一旦被學校通報，就會被送到警察局法辦。

害怕自己成為罪犯，成為學生遇到問題不敢求救的最大原因。當然，熟悉學校通報機制的人知道不是這樣運作的，學校的通報機制屬於教育性質，並不會讓學生留下案底。

但學校開案，就會往上呈報。每年教育部都會根據這些資料產生統計數據，而這些數據就會再成為上位者評估與調整反毒政策的準則，例如：近幾年大麻的案件增加，警政單位就會根據情報做源頭的打擊。只是對最基層、第一線的工作者來說，面對的不是統計數字，而是每一個統計背後活生生的人。

所以，學校的教師在跟學生說明通報機制時，最難解釋的就是「往上呈報」這句話。

學生會搞不清楚背後的邏輯，很容易誤以為教師是要甩鍋，並且「往上呈報」字面上的意思就是事情變大條了。這層誤會，就是通報系統與學生之間的鴻溝。

當我們談毒品的預防時，面對這一層鴻溝是最困難的一步。

我個人認為把通報機制完全交給學校教師去說明，是不公平的。而且在學校裡到底是誰有義務去跟學生說明？導師？輔導教師？教務組長？教官？

對一般學校教師來說，光是平日繁忙的教學工作就已經焦頭爛額，哪裡有時間去了解臺灣整個毒品防制政策背後的運作邏輯？更何況，一個了解毒

品問題的專家也不會在學校裡教數學或美術。

此外，「通報機制」與「社會支持系統」二者必須同時存在。所謂的社會支持系統，除了教育系統的資源以外，更需要引入社工系統與醫療系統，缺一不可。通報機制不是解決學生問題的解藥，它應該成為連結更多學校體制以外資源的管道。

而建造給學生的社會支持網絡，更需要跨領域、跨部門、跨單位一起合作。這種合作也不應只是數字的呈報與統計，而是我們在面對每一個活生生的學生時，能彼此交流與互補。因為毒品是複合性的問題，複合性的問題只能系統性地去面對，沒有一個人、一個單位、一個部門能獨立解決。

我們需要的不是要一個人自己走一百步；而是一百個人一起跨出一步。

十、反毒，需要整個系統一起努力

我自己在育兒時，聽過一句很受用的話，就是「養育一個孩子需要一個村莊」。同樣地，面對毒品的問題，也需要一個由不同單位牽手搭起來的系統才能真正地接住孩子。

許多第一線工作者最大的無力，就是發現青少年的問題大部分是來自於家庭，但家庭卻是最複雜、最難介入與改變的單位。因為每一個家庭都承載現今的社會體制，有些家庭更是被經濟與結構壓縮到破碎、難以拼湊。

要改變一個孩子，就要改變他的家庭；而改變一個家庭，需要改變整個社會。

很難！這一直是助人工作裡最最沉重的痛。

但，我依然相信我們可以創造更好的世界，只是需要更多的時間，需要所有人集思廣益尋找更好的方法，我們只是還在前進的道路上。

反毒，需要整個系統一起努力，來為每一個卡在生命困境裡的孩子點一盞夠亮的燈。

在學少年與非法物質使用：現況鳥瞰

王修梧

　　我們在上一單元踏入論壇劇場，跟著曉婷在同儕間體驗人言可畏，與輔導教師交心後旋即被通報使用 K 菸，最後，佇足於校內樓頂，回首一路走來的彎折曲繞。沿著曉婷生命軌跡，師生們能從中管窺校園制度與人際宏觀結構。而在本單元，我們將邀請教師們乘坐熱氣球，從高空俯瞰在學少年的非法物質使用現狀。

一、在學少年的非法物質[3] 使用盛行率

　　多少學生使用非法藥物？使用者有哪些人口特性？都在施用什麼呢？釐清這些問題，釐清非法藥物使用盛行率，是擬定與執行校園毒品防制政策的基礎。讓我們轉往政府檔案尋找答案。

　　臺灣關於在學少年用藥的相關資料與統計，主要分屬：衛生福利部、內政部警政署、教育部。這三個不同行政機關（構）的蒐集及統計目標、選樣及分類標準均大相逕庭——（一）衛生福利部掌握的藥物與檢體來自醫療院所通報；（二）內政部警政署掌握的則是刑事或行政罰觸法人口；以及（三）

---

[3]　此處使用「物質」，係因許多被法務部列為「毒品」之物質，並非食藥署列管之「管制藥品」。

教育部主責，各校自主的「校園防毒通報」。例如：國高中在校生最常施用的 K 他命（Ketamine），因列管為第三級，持有與施用均不構成刑事犯罪，因此警政署的毒品犯罪嫌疑人統計便未將之囊括在內。[4] 這讓不同系統間的資料難以整合。

由於在教學實務現場的教職員對於高風險學生（「特定人員」）辨識與提列有較多疑惑及躊躇；面對使用新興毒品之特定人員時，由於針對不同藥物品項的「快篩試劑開發緩不濟急，運用尚不普遍」，且「混合性毒品（如咖啡包）純質淨重低，微量施用可能影響代謝後之檢出率」，[5] 因此產生大量通報「黑數」。以宜蘭縣政府為例，一篇 2019 年研究指出國高中生用藥平均盛行率約 0.74%，以當年國高職約有 34,283 人計算，[6] 用藥者約為 253 人，但在 2016 年至 2018 年，各校所通報藥物濫用者卻僅僅 16 人。[7]

相比之下，美國的「監測未來」（Monitoring the Future）計畫，從 1975 年開始，每年對 5 萬名中學生進行物質使用調查，因此能透過不中斷的巨量資料，做出長期、定時且精確之回應。[8] 而臺灣雖並未設置類似的專責

---

[4] 警政署統計室（2020），〈109 年 1-8 月警察機關查緝青少年毒品嫌疑犯概況〉，《警政統計通報》，9 月 23 日，https://www.npa.gov.tw/ch/app/data/doc?module=wg057&detailNo=801633680639393792&type=s。

[5] 《教育部防制學生藥物濫用實施計畫》（2019 年 2 月 20 日修訂），https://www.osa.nchu.edu.tw/osa/arm/sunny/drug_plan_1080220.pdf。

[6] 教育統計查詢網：109 學年度各級學校縣市別學生數，請見 https://stats.moe.gov.tw/files/main_statistics/student.xls。

[7] 林敬倫（2021），〈宜蘭校園通報藥物濫用 3 年僅 16 人〉，《自由時報》，8 月 23 日，https://news.ltn.com.tw/news/life/paper/1468353。

[8] 該計畫的研究對象中學生是從美制八年級、十年與十二年級生中挑選（約莫等同 12 歲、16 歲、18 歲）。Miech, R. A., Johnston, L. D., O'Malley, P. M., Bachman, J. G., Schulenberg, J. E., & Patrick, M. E. (2022). *Monitoring the Future National Survey Results on Drug Use, 1975-2021: Volume I, Secondary School Students.* Ann Arbor: Institute for Social Research, The University of Michigan. Available at http://monitoringthefuture.org/pubs.html#monographs.

工作群組與機制，[9]但仍有學者試著透過逐年的大規模自述研究，試著回應我們一開始提出的問題。

楊士隆教授主持的一項國科會計畫，便透過教育部發函，要求經隨機分層抽樣後的各屬性學校（高中分為普通、職業科等），針對各自在校生進行匿名問卷調查，並取得超過八成的有效問卷。藉由分析，我們能從這些問卷中看到，從 2014 年到 2016 年，國高中在校生平均有 1.9% 曾持有非法物質，1.5% 曾施用非法藥物。其中，高中生施用比例逐年增加，在 2016 年達 3%，[10]當時高中職每班約有 36.5 名學生，[11]也就是說每班便有一名同學可能用過非法藥物；以性別區分，男女比約在 5.4：1。[12]在承認施用過非法物質的同學中，有 23.3%，將近四分之一表示用過 K 他命。

在另一份來自教育部委託國立陽明大學團隊進行的研究，則是以「班級」為最小抽樣單位，透過網路問卷匿名填答方式蒐集資料，研究結果顯示國中生使用行為終生盛行率集中在 0.24% 至 0.26%，高中生則是 0.57% 至 1.03%。[13]如果將有用藥經驗的國高中在校生聚在一起，問他們曾用過什麼呢？超過四成會回答 K 他命，其他呢？混合毒品或者安非他命各占二成，

[9] 陳為堅（2019），〈從永續發展目標看藥物濫用防治：善用全國性流行病學調查的發現〉，《台灣公共衛生雜誌》，第 38 卷第 1 期，頁 1-4。
[10] 楊士隆、曾淑萍、戴伸峰、顧以謙、陳瑞旻（2017），〈2016 臺灣校園學生非法藥物使用之盛行率調查研究——以新北市、台中市、高雄市為例〉，《藥物濫用防治》，第 2 卷第 3 期，頁 1-12。該研究之有效樣本回收率為 88%，信心水準在 95% 以下。
[11] 《110 學年學校基本概況統計結果提要分析》，https://stats.moe.gov.tw/files/analysis/110_all_level-1.pdf。
[12] Yang, Shu-Lung, Tzeng, Shuping, Tai, Shen-Feng, & Ku, Yi-Chien (2020). "Illegal Drug Use Among Adolescents in Schools and Facilities: 3-Year Surveys in Taiwan." *Asian Journal of Criminology*, 15, 45-63.
[13] 教育部（2019），《學生非法藥物使用行為調查研究摘要報告》，https://antidrug.moj.gov.tw/cp-186-6307-1.html。

而曾經在派對文化盛極一時的搖頭丸，十人中已找不到一人。[14]

　　高雄市政府針對參加第三級、第四級毒品危害講習者的自述調查，有42.1%（301人次）初次使用藥物時尚未成年，而初次使用的非法藥物依舊是K他命居冠（82.99%、634人次）。[15]

二、非法物質如何流通於在學少年間？

　　讓我們先一起從判決書中看三個不同故事：

警察來網購

　　16歲葉姓少年常在「微信」公開群組兜售咖啡包。2020年9月，剛踏入高中夜校新生活，某晚穿著校服跟網路巡警相約在埔心火車站，見面後便帶之前往凱哥住所。凱哥準備要以20包共6,000元進行交易時，被喬裝員警現行逮捕。[16]

帶咖啡上學

　　2018年3月，南投17歲高中生阿嘉，為以一包500元價格兜售給同學，攜帶了兩袋咖啡包上學，不幸被教官發現。警詢毒品來源時，阿嘉表示，月初時，順哥到其打工的夜市攤，拿了六包給他，兜售後再「回」2,000元就好。其實順哥也才19歲，只是高職畢業後已投入職場，因而有購毒本金。[17]

---

[14] K他命盛行率為41.64%、混和毒品21.9%、安非他命19.5%、搖頭丸9.76%。

[15] 高雄市政府毒品防制局輔導處遇科（2020），《高雄市政府毒品防制局108年第三、四級毒品危害講習概況統計分析》，https://dsacp.kcg.gov.tw/Content_List.aspx?n=251D873FAF4559B8。

[16] 臺灣桃園地方法院110年度訴字第408號刑事判決。

[17] 臺灣南投地方法院107年度訴字第286號刑事判決。

折翼之蜂

　　傑哥在 2019 年 5 月初，以 3 萬元購進 130 袋咖啡包，因還需扶養子女，便全寄放信哥基隆租屋處。傑哥邀請 19 歲「海洋」幫忙，信哥則找來林某等四名未成年人，大家依憑各自人脈賣掉後，再以一包 300 元還給傑哥。不幸地，林某在 23 日時用掉前天所拿八包，體內所含 PMMA 已超過致死濃度而身亡，傑哥交往網絡也因而遭查獲。[18]

　　從這三則判決提及的故事，我們能發現其中的少年藥頭多半缺少資金，而難以大量進貨壓低成本，也無法租購可同時作為倉儲的空間；因此，他們需要跟有工作收入者合作；而投身職場者，例如：從事水泥工的傑哥跟信哥都是成年人，或至少像是即將成年、在廚房當學徒的順哥。

　　常見合作型態是成年者出資及倉儲，少年則負責宣傳與銷售，他們多半藉由手機通訊軟體行銷，葉姓少年使用微信張貼販售廣告，阿嘉跟順哥以微信彼此聯絡，「海洋」則使用 Messenger 聯繫消費者。有研究者即表示「LINE、Instagram 及微信等社群媒體」，因具備「匿名性、普及性及可刪除訊息之功能，可降低被查緝之風險」，已漸漸取代市話成為主要交易媒介。某主任檢察官進一步提及，線上遊戲軟體是另一個常見的平臺，或在開放訊息欄，或在私人群組中透過「僅有買賣之人了解」的特定黑話進行兜售。[19]

　　值得留意的是，少年藥頭們所獲利潤，通常不如官方宣稱那般豐沃。以阿嘉為例，如果每包都以 500 元售出，六包所得即是 3,000 元，扣掉需回給順哥 2,000 元，便只剩 1,000 元；即是，一包淨利潤為 200 元，而聯繫上下

18　臺灣高等法院 110 年度上訴字第 166 號刑事判決。

19　林子心（2021），〈高級中等學校毒品查緝困境與對策之研究〉，國立中正大學犯罪防治研究所碩士論文。

游、尋找新客源、交易所花費時間與運輸費、隨時被警察以及所有校園教職員查獲之風險，這一切都是需擔負之成本。

　　為降低成本，賣方多傾向減少交易次數，增加交易數量，然而依黑市慣習，便需壓低單一商品售價。「海洋」跟幾位每次單拿一、兩包的熟客交易時，每包售價 600 元，但在 2019 年 6 月 10 日，周某用臉書問他有無咖啡包，最後議決八包售價 3,500 元，即單包售價 437 元。「海洋」那天身上其實只剩六包，但為搶到該筆訂單，還先跟猴子借貨，再麻煩有機車駕照的猴子載他去面交。

　　我們可以看到大宗買賣能減少交易次數，但也會減少單一商品利潤，增加交易困難。此一規則，不僅適用於少年藥頭，也適用在與之合作的出資者身上。以傑哥為例，他以 3 萬元購入 130 包，平均一包 230 元，而信哥負責倉儲及聯繫事務，因此能從少年藥頭每包 300 元的回款中抽取 50 元分紅，如此換算下來，傑哥每袋所獲淨利潤僅有 20 元，不僅多銷利薄，且要共同擔負少年藥頭們每一次交易可能遇到的緝捕風險。

三、非法物質為何造成傷害

　　在前述「折翼之蜂」一案中，除了林某外，另有一對男同志情侶也因一晚共施用了八包咖啡包，透過血液及胃內容物分析，證實所含 PMMA 成分過量已達致死濃度，最後均「因毒品中毒及橫紋肌溶解症而死亡」。[20]

　　PMMA（或是 PMA），乃 MDMA 構造相似物，最早是假扮成 MDMA 出現在搖頭丸中而肆虐臺灣；2002 年至 2004 年間，隨機抽樣黑市緝獲的搖頭丸錠劑，化驗結果顯示，只含單一 MDMA 成分占 64%。[21] 但由於製作

---

[20] 臺灣高等法院 110 年度上訴字第 166 號刑事判決。

[21] 鄧書芳、吳守謙、蔡文瑛、柳家瑞（2005），〈臺灣緝獲搖頭丸中 MDMA 含量分析之研究〉，《化學》，第 63 卷第 3 期，頁 463-480。

MDMA 的重要前驅物質黃樟素（Safrole）在世界各處受到管制，PMMA 漸漸取而代之，並在 2005 年查獲量大增。

2005 年 3 月某日，某國中的九名青少年徹夜轟趴，其中，14 歲陳姓、15 歲林姓青少年在早上 10 點跟下午 1 點多時，各吞兩顆與兩顆半搖頭丸。沒過多久，陳男忽然昏倒，眾人先嘗試灌牛奶「解毒」，[22] 未果，才通報求救；救護人員抵達時，已無心跳。消防車駛離後，林男獨自回家，過了大約一個半小時，被家人發現失去意識緊急送醫；在急診室時，他不斷抽蓄，伴隨管內凝血、橫紋肌溶解等熱中暑（Heat Stroke）常見急症，不到一小時，宣告不治。

由於 PMMA 有效劑量與致死劑量很接近，且進入腦中的時間緩慢，相較 MDMA 吞服半小時便很快就起反應，PMMA 進入人體後約需一至二小時，才會開始發揮藥效，[23] 故使用者往往在第一錠產生作用前，又追加第二錠或服用其他藥物——強而緩慢，讓它有了 Dr. Death 的名號。

十幾年後，混合型毒品以沖泡式（咖啡包、奶茶包）及食用式（梅粉、跳跳糖）等型態，在黑市快速擴張，粉末狀的 PMMA 在與更多未知新興影響精神物質（NPS）混搭下，也拓墾其死亡地盤。依警政署簡報，2019 年共收驗 10 萬 2,007 包混合式毒品；法醫研究所在 2019 年 10 月至 2020 年 6 月，檢測出 PMMA 相關死亡案件高達 107 件。[24]

---

[22] 〈轟趴嗑藥 2 少年暴斃〉，《蘋果日報》，2006 年 3 月 13 日，http://gsrat.net/news2/newsclipDetail.php?ncdata_id=1808。

[23] Steele, T. D., Katz, J. L., & Ricaurte, G. A. (1992). "Evaluation of the Neurotoxicity of N-methyl-1-(4-methoxyphenyl)-2-aminopropane (para-methoxymethamphetamine, PMMA)." *Brain Research*, 589(2), 349-352.

[24] 法務部法醫研究所、內政部警政署（2020），〈混合型毒品及 PMMA 近期查驗結果分析〉，https://stuaff01.ncue.edu.tw/ezfiles/20/1020/img/584/136645496.pdf。

四、藥物濫用高風險學生是什麼樣子？為什麼使用非法物質？

在新北、高雄等七縣市，曾經施用非法藥物的在校生，其姓名、性別、人格特質等個資會被記錄在「藥物濫用學生個案輔導追蹤管理系統」中，有學者針對 2011 年至 2017 年資料進行大數據分析，讓我們能管窺用藥在校生可能的特徵。[25]

首先，就家庭背景層面，監護人教育程度以「高中／職」畢業為最，接著依次是「大學／專科」、「國中／小」、「碩士以上」，與我國 50 歲至 64 歲總人口的教育程度相比，差異不大。家庭組成結構則以雙親最多，單親居次。次論人格特質，正向特質多為有主見及樂觀。而在校狀況，春暉少年的同儕關係均以良好居多，與師長關係少有排斥／衝突，多半自認普通。另外，身心狀況之統計結果也相差不多，「心理狀態部分多數為正常；生活習慣以著重衣著、注重外表及整潔居多」。該份報告最後如此總結，「多數春暉專案之學生多為雙親、生活習慣整潔、人格特質有主見等，與過往藥物濫用學生印象不同（如單親、獨來獨往）」。

另一份巨量統計則是以 2002 年至 2018 年青少年（12 歲至 17 歲）毒品犯罪人口為對象，發現在家庭結構上，過往被視為風險因子的隔代教養比例愈高，犯罪率反而愈低。而如果以「各縣市娛樂業平均家數、全臺舉辦大型音樂祭次數」作為「娛樂因素」，其與犯罪率缺乏顯著相關性。[26]

在看過上述二份國內學者的大型研究後，各位教師便能明白，為何教育部在編寫「特定人員評估參考原則」時，特別強調羅列的「家庭成員關係紊亂、功能不佳、衝突、疏離、支持系統變化或薄弱，家庭關係需要接受協

---

[25] 李志恒（2018），《縣市運用藥物濫用分析指標之成效評估研究》，衛生福利部食品藥物管理署委託研究報告。

[26] 梁文馨、黃麗璇（2021），〈臺灣青少年毒品犯罪率之數量分析——家庭結構與娛樂因素之影響〉，《教育科學研究期刊》，第 16 卷第 4 期，頁 69-101。

助」、「曾遭查獲進出不當場所者」等注意事項，是為了協助「學校提列特定人員參考」，切勿「僅以單一行為或事項作為提列」之考量依據。[27]

　　最後，讓我們摘錄並羅列報章新聞、研究訪談、判決資料中的吸毒者側影，以持續探問人們為何吸毒此一大哉問。

- 桃園市一名就讀高中一年級的彭姓女學生，2020 年 3 月間二度在學校突然暈倒，經送醫診治、血液中驗出疑有 K 他命毒品反應，警方調查後，因女學生稱說只吃過媽媽提供的減肥藥，於是將彭女母親黃姓婦人依轉讓毒品罪嫌送辦。[28]
- 目前是社工的陳鳴敏，回憶 16 歲時，是成績名列前茅的清秀女孩。某天陪同父母到朋友經營的地下舞廳打牌，就此迷上那裡的燈光絢爛。玩著玩著花費就多，她偷錢、抽菸，後來跟父親起爭執，離家出走。獨立生活要錢，她到電玩店當服務員，月薪 3 萬多元，也在那裡吸了第一口安非他命。[29]
- 這世代的青年低薪以及就業困難一直在折磨著我們……因為 ice 刺激，讓我從什麼事情都起不了勁兒、對什麼事情都沒興趣，然後忽然醒過來。[30]

---

[27] 《各級學校特定人員尿液篩檢及輔導作業要點》之附件一「特定人員評估參考原則」（2023年 5 月 1 日修訂）。

[28] 余瑞仁（2020），〈高中女暈倒驗出毒品反應 送減肥藥的母親被送辦 結果大逆轉〉，《自由時報》，9 月 30 日，https://news.ltn.com.tw/news/society/breakingnews/3307722。

[29] 曹馥年（2022），〈以藥找愛，讓她們踏上「成魔之路」——女性藥癮者的生命難題〉，《報導者》，8 月 30 日，https://www.twreporter.org/a/drug-addicts-gender-issues-and-female-addicts。

[30] 《報導者》對一名用藥八年研究生的訪談。李雪莉、楊智強（2020），〈【用藥常人的告白4】只是需要「走下去」的動力〉，《報導者》，7 月 20 日，https://www.twreporter.org/a/asia-pacific-transnational-drug-trafficking-chain-interview-addict-ordinary-people-4。

- 馮老師跟多名男同志傳遞「煙 HI」、「ES」、「BB」等訊息。老師雖已 U=U，且無人因此感染，法官仍依轉讓禁藥、蓄意傳染等罪名判處十三年徒刑。[31]
- 26 歲的陳姓工人，與交往八年女友分手後，拉 K 解憂，「在人行道上搖搖晃晃行走，步履蹣跚」。[32]
- 卓姓空少接受華航尿篩後，驗出大麻陽性，表示值勤十五年間，未曾因此影響工作及飛航安全，且是在阿姆斯特丹合法施用，「並未觸犯我國法律」。[33]
- 肝膽科名醫受失眠所苦，二次網購共 360 顆含佐沛眠（常見商品名為史蒂諾斯）等安眠藥成分之藥物，而被檢察官以運輸第四級毒品罪起訴。

[31] 臺灣高等法院 102 年度上訴字第 2934 號刑事判決。

[32] 陳恩惠（2015），〈關心酒醉失戀男 警逮到他拉 K〉，《自由時報》，11 月 19 日，https://news.ltn.com.tw/news/society/breakingnews/1513582。

[33] 楊國文（2015），〈吸大麻後上飛機執勤 空少解僱有理〉，《自由時報》，12 月 8 日，https://news.ltn.com.tw/news/society/breakingnews/1533135。

單元三

相處與談話技巧

吳芷菡

談話只是「整個協助歷程」的一個面向，而我們不要、也不會是單打獨鬥，每一位協助者只是在個體系統中的一部分。重點在如何從案生的生命脈絡中，去看見他認為自己現在所面臨的困境、需求（而不是我們認為的），並試著把不同資源、專業引進來，共同找出新的可能（建立希望感）。

　　這一單元適合一般教職員閱讀，而非家長、心理師等具特殊關係、目標或治療性的談話。談話技巧與風格非常多元，本單元主要依人際歷程取向的觀點撰寫，你也可以依據自身過去的專業養成，去調整語言的風格與內容。

一、開始談話之前

（一）檢核談話者自身立場

　　每個人對於接觸／使用非法物質的態度可能都落在光譜的不同位置，無論你是持哪一種立場，都要提醒談話者去思考這個立場會如何影響談話以及與學生的關係。其實，這些學生都會很敏感地去覺察談話者對於用藥的態度與立場，也會從中去判斷談話者是真心地想跟自己站在同一國，還是只是為

了套話而假裝建立關係的逢場作戲。

　　另外，相信有很多時候教師是被「指派」跟案生談論這種複雜且可能涉及法律層面的議題，與教師自身過去的生命經驗大相逕庭，甚至是抗拒、完全沒有準備好要去談論的（不只是案生非自願，教師也是非自願啊！）。這時候教師也可以尋求同儕的諮詢，或專業人士的協助，避免將所有壓力攬在自己身上。

（二）關於談話的「操作型定義」

　　首先，教師要確定談話開始於何種情境下，這場談話的目的是什麼？或是基於何種原因需要開啓這場對話？可能是基於自身想要跟這位學生建立關係，想要關心、了解他，然後呢？關心了解的背後目標是什麼？以及知道之後能做什麼？又或是因爲身分的關係不得不去跟這位學生接觸，開啓這場談話？學生的反應可能很不安、很敷衍，你可能內在也很不安，不知道該如何開始，內心想了想被賦予的期待，再看看對面的學生，隨後硬著頭皮開始了像「訊問般」的談話，蒐集了很多資料，然後呢？

　　當然，教育現場千奇百態，很難一一列舉，重點在於，這場談話的背景設定是什麼？學生此時在哪個階段了？正在面臨哪些議題？而你被賦予或賦予自己的期待是什麼？

　　除了前述提到的背景因素外，另一個重要的考量是，你是以何種身分（導師、輔師、科任、生教／生輔、教官等）以及立場，開啓與學生的談話。學生很會看人，知道對誰該說什麼、只能說什麼，學生對你的「人設定調」在進行談話前的校園日常生活中就已經開始了，因此學生會猜測，某個角色找自己的目的可能是什麼，預先做好模擬演練，等你來問。

（三）當事人相關資訊蒐集

　　開始談話前要預先蒐集多少與當事人有關的資訊？如果可以，當然是

要盡可能地蒐集。不過，也要注意資訊的來源？以及自己的角色是否適合知道這麼多？另外，若是可以預先知道當事人使用的藥物種類，以及可能的來源，可以先去搜尋相關的資訊，有利於在談話時澄清與拉近距離。

（四）重要他人態度與期待

若這場談話是在被要求或在被期待下開啓的，談話前先去了解這些人的期待是重要的，也可以在了解期待的過程中釐清自己的立場、角色爲何，避免成爲某個人與當事人之間的傳話者（如幫我跟我媽說……）或是拯救者，釐清自己可以做到的程度，而不必照單全收。

二、談話始於「關係」

「好的談話要先建立關係」，這是很重要的廢話！要怎麼跟青少年建立關係呢？只要讀過心理學相關書籍，不外乎告訴你要同理、要傾聽、不要過度詮釋、不要講道理等；但要如何做到讓學生覺得彼此是站在同一陣線？要怎麼開啓這有點嚴肅的話題（藥物使用）？與自願跟非自願的學生相處有哪些做法要調整？被交付的任務（如蒐集資料）該如何是好？要怎麼把想讓學生學到的觀念偷渡進去？

（一）營造友善的談話環境

安全、舒適、自在的友善環境，可以降低接觸初期的不信任感，對於建立關係有正向的助益，一般學校內的晤談室大多是合適的談話空間。在座位的安排上會儘量避免教師與學生面對面而坐（很像在審問），二人的座椅在90度至150度之間相對適合，距離保持在1至1.5公尺左右，既不會太近到感到壓迫，又能清楚聆聽對方的言語。

另外，我們所展現出來的肢體語言也很重要，可以試著與案生「同

調」。簡單來說，就是模仿對方身體姿態，但不是完全地模仿，只要姿態是類似的就可以。例如：案生將手靠在桌上時，我們可以也將手放在桌上，這樣可以透過身體讓對方感到被同理，進而拉近關係。不過，當案生的肢體相對防衛、緊繃，例如：雙手插胸或故意坐很遠，這時我們可以保持一般的開放的姿態就好，以降低對方的敵意。

　　環境，也包含人。在晤談前要評估案生與自己此時的身心狀態是否適合進入談話。如果你知道案生近期正在使用非法物質，目前可能還在退藥中，或是可能常態性地在白天處於補眠狀態，那就要考量是否調整時間，不要逼迫彼此在不適合的情境下進入談話。

（二）建立工作同盟

　　晤談不是交朋友，是帶有目的性的對談，因此當進到了談話空間的第一件事情是「場構」，開誠布公地說清楚這次找學生來到晤談室的原因，包含這次談話的界限、期待、目的，也聽聽看學生的想法與觀點。場構的目的在於讓彼此在接下來的談話能夠聚焦，不用互相「演好演滿」內心戲或是不斷猜測、試探彼此的動機。對於非自願的案生來說，在一開始時給予足夠的掌控權、表達感謝以及澄清立場的機會，這樣能夠增加案生願意合作的程度。

　　當然有人會認為，若一開始就說白了，那這樣是不是學生就不願意繼續談，或是反而有機會編織謊言或有所隱瞞呢？事實上如果要隱瞞，不論怎麼說都會隱瞞，比起坦率直白地問，青少年更討厭拐彎抹角地被試探。

　　「場構」的重點在營造讓學生感受安全與有控制感的環境，有說或不說的決定權，大人只需要引導思考說與不說的後果，表達願意和案生站在一起的立場，以及面臨問題時可以提供哪些協助。

> 或許，我們可以試著這樣說
>
> 　　○○，謝謝你同意今天的談話，會找你過來，主要是因為最近聽聞到了有關你使用一些非法物質的傳言，我非常擔心，也想了解你最近是不是遇到了什麼事情。雖然我不確定能夠做到多少，但我願意和你一起討論、面對，當然你可以自己決定要告訴我多少，你覺得呢？或是你有什麼想問、擔心的也可以先提出來，我們可以試著討論、澄清看看。

　　至於保密原則是否要說，則需要視情況而定，畢竟這不是正式的諮商架構。不過，如果學生問起，就需要告訴學生實際可以做到的保密程度。包括必要通報的或是需要共享的資訊，這些不能保密的部分，還是要清楚地讓學生知道。信任關係是很難累積的，切記寧願此時讓學生保留不說的選擇，也不要打壞了學生對「大人們」的信任。

（三）蒐集資料

　　關係建立好、資料蒐集沒煩惱。當青少年信任你時，會願意多說一些，雖然不一定全部都是真實的。這時候，會談外的資料以及談話內容的前後比對（不只是當次的訊息），就會是重要的依據。

　　另外，當事人可能擔心他所透漏的資訊會讓誰知道？具體來說，依照《兒童及少年福利與權益保障法》第 66 條及第 69 條，對於「職務上所知悉之秘密或隱私及其所製作或持有之文書，應予保密」；並且「不得揭露足以識別兒童及少年身分之資訊」。不過，如果談及的內容已經符合《兒童及少年福利與權益保障法》第 53 條第 1 項應該通報的事由（包括施用毒品），教師依法還是具有通報責任。

（四）談論藥物的議題

　　接觸／使用藥物大多時候是最終的外顯行為，而非原因。因此，在談

論藥物有關的議題時，更多時候要去承接的可能是情緒、家庭、人際、親密關係等複雜因素，例如：成長時的創傷經驗、家人或伴侶是毒品提供／使用者、伴隨性議題等。與談者可能要先蒐集資料，評估自己是否能夠處理這些議題，亦或是需要轉介給專業治療處理。因此預先知悉有哪些服務網絡與資源，也是在開始談話前需要預先了解的。

　　在談論關於藥物使用的議題時，建議把焦點放在案生使用藥物後的「獲得／幫助」，尤其是次級獲益為何，而不是行為本身。也就是使用藥物後帶來的獲得（增強）有哪些？直接能夠聯想到的就是施用藥物所帶來的生理感受（初級獲得），像是酥麻、歡愉、飄飄然、茫茫的等各種感官感受；而且，更重要的是使用這些藥物與現實感的連結（次級獲益），例如：同儕認同、自尊提高、暫時不用面對現實的煩惱、被重要他人關注等。我們所要看到的（幫案生說出來），也是在案生所在生活脈絡所做跟所獲得的種種。

> **或許，我們可以試著這樣說**
>
> 　　謝謝你願意告訴我這麼多，我猜想一直以來你都是自己一個人，在學校沒什麼合得來的朋友，回到家父母也忙於工作還沒回來，雖然他們給你很豐厚的物質生活，但你總是覺得很孤單，而跟他們在一起，一起抽菸、一起使用○○○的時候，反而是讓你最有歸屬、感覺被接納的時候，是這樣嗎？

　　此外，若在有限的時間內，無法達到讓學生完全不再碰觸非法物質，那「減害」的觀念，或許就可以是另一個切入的角度：1. 在脈絡中同理學生的立場與選擇；2. 回到現實層面，讓學生知道自己即便做錯了，仍有人關心他，也能藉機澄清某些對於藥物的迷思。

> **或許，我們可以試著這樣說**
>
> 　　當時的你面對父母的離異，你根本不知所措，加上又跟原本的好朋友吵架，那時候你覺得大家都不要你了。在你情緒非常低落、不知所措的時候，剛好有另一個朋友提供了○○○給你，確實使用之後好像也就可以暫時忘掉煩惱，之後就開始習慣使用○○○來逃避煩惱。不過我也很擔心，○○○使用多了會有許多的副作用，像是……，不知道你有沒有這些反應呢？

　　我們不認同使用非法物質，但我們或許可以接納在人生某些情境下也許不得不做出的某些選擇，即便我們都知道那樣的決定並不好。但我們試圖創造一個安全、被接納的空間，讓這些平常被隱藏起來的秘密有機會可以被討論，當有談論的空間時，才有可能把我們想要學生認知到的事情，慢慢地灌輸給他們。

　　遇到需要「通報」[34]的狀況，相信會讓許多進入談話的教師感到為難。與談者需要在進入談話前先了解通報的過程以及可能面臨的情境；通報後的「未知」是令案生最為擔心的，而與談者就需要協助案生去澄清這些焦慮，以及系統中不同角色可以陪伴、協助案生的時機有哪些。通常學生最擔心的是「讓家長知道」這件事情。我們要能夠理解的是，讓家長知道後的壓力除了接觸非法物質這件事情可能引來的責罵，更多情緒會是來自於引發案生自小與家長相處的問題、矛盾。在這裡，畢竟不是做到專業治療，只需要能夠同理、傾聽，當案生情緒冷靜後，具體討論回家之後可以怎麼辦；也可以清楚告訴案生，學校通知家長的方式，以及可能會跟家長談論的內容方向，避免案生因過度焦慮而不敢回家，引發其他問題。

　　在跟家長提到孩子使用非法物質的事件時，一開始會比較辛苦，可能會

---

[34] 關於通報的時機請參考本書第三篇。

承接來自家長的許多非理性情緒。當可以恢復相對理性的談話時，要提醒家長，整個系統（學校、社政、警政、家長等）都是要一起協助孩子（或這個家庭），而不是要給予懲罰或是貼上標籤。

（五）破壞關係的 NG 語言大匯集

建立關係不容易，破壞關係卻常在無意之間就發生。當教師帶有權威性的語言，或預設當事人是悲苦的而給予憐憫的態度，亦或言談間充滿評價、訓話等貶抑案生自尊的話語，那帶給案生的不是當頭棒喝點醒，而只是把他推得離我們更遠。相信我們的出發點都是出於善意與關心，有時候把話轉個彎說（如表 1-3-1），並且結合情境與脈絡背景，能更容易被學生接受。

表 1-3-1　破壞關係的 NG 語言大匯集

一句話惹怒學生	或許你可以這樣說
你今天是不是又吃了不該吃的東西？	身體還好嗎？看起來不太舒服／精神狀況不太好？
你為什麼精神那麼差？	
（在藥效還在走的時候）你要不要站好，你要不要現在去驗？	
（尖銳語氣）我叫你坐好！坐好！	
我就知道你有吸毒！	知道你有使用非法物質／藥物，其實我有些擔心……
你不要以為我不知道。	
你不知道吸毒一輩子就毀了嗎？	
你家是不是也有人吸？	接觸這些藥物，家裡有誰知道嗎？
你跟你爸一樣，沒救了！	之前，你曾經告訴過我，你不想和爸爸走上一樣的路，但現在好像遇上了一些困境……？
你這種人我看多了！	我過去也遇過跟你情況相似的學生……

表 1-3-1　破壞關係的 NG 語言大匯集（續）

一句話惹怒學生	或許你可以這樣說
可以自愛一點嗎？	藥物的副作用會不會讓你的健康出現異常，或是日常的活動也出現力不從心的感覺？
你就這麼想死嗎？	
你再這樣，我看你書也不用念了！	我有些擔心，再這樣下去，會不會連維持穩定的生活／作息都有困難呢？
書念不好就算了，還吸毒？	
你這樣還念什麼書？	
（學生做錯任何事時） 再吃嘛，你就是整天在那邊用才會這樣！	
你是不是被帶壞的？	有一群朋友，能夠讓你有被接納的感覺，為了能夠和他們更靠近，你也會想跟他們一起行動，有更多的相處時間。
你就是沒有人教。	好像你遇到了一些事情，不知道該怎麼做會比較好，但卻沒有人可以討論。
你有事就找我，不要影響到其他同學。	會不會有時候有些擔心，同學知道後會怎樣看你呢？
老師知道後，真的很為你難過。	（補上脈絡） 若是我，在這樣的情況下，雖然感到難過，但這選擇好像也是無可奈何的。
（向其他人說） 他有什麼怪的地方，要跟老師說。	（私底下找一、兩位可靠的同學協助） 最近某某同學身體有些狀況，需要我們大家一起協助，如果在學校他有些跟平常不同的話，請告訴老師。
噁心！	（保持沉默就好）

三、會談外的相處

　　如同一開始所說的，學生對談話者的觀察不會只在會談室內，因此日常的相處、關心、觀察都是重要的。學校教師們在不同的空間、場合有不同的樣態及工作目標，學生不見得可以理解教師在不同情境時態度的改變，或是能夠這麼精準地拿捏不同場域的界限；但學生常常卻會細膩地感受到每一次談話與相處帶來的感覺，這些感受也都可能影響學生對於目前正在處理事務的解讀。因此，有時學生可能會對於談話者在不同場合有不同態度而感到困惑或生氣，談話者也可以藉機去討論、澄清在不同情境下的關係轉變。

　　此外，有些學生防衛心較強，建立關係需要較長的時間，除了正式的談話，日常的關心與時不時簡短的對話（但不要都是訓話），例如：關心或注意學生最近情緒、睡眠、食慾、專注度、記憶力等是否有改變，從日常生活的狀態著手，都是在校園中能夠持續與學生建立關係的重要方式。

第二篇

校園回應學生疑似用藥的制度空間

校園兒少用藥的基本認知

陳玟如

　　麻醉藥物（**Narcotic**）是一種能導致人類進入睡眠、迷幻或無知覺狀態的藥品。儘管人類文明發展與麻醉藥物使用的關係十分悠久，現今多依據對於中樞神經系統的作用方式，將麻醉藥物區分為「**依法管制之麻醉藥物**」及「**影響精神藥物**」二種。各國法律不允許的娛樂性藥物，在中文稱為「**法定毒品**」；而根據醫療與生活習慣，經醫師處方或醫囑使用的成癮藥物，則歸類為「**生活物質**」。

一、法定毒品

（一）依法管制之麻醉藥物

1. 天然植物類：(1) 中樞神經抑制劑（Depressants，或稱鎮靜劑）：即通過抑制中樞神經系統的活性來產生愉悅感；(2) 中樞神經興奮劑（Stimulants）：即通過刺激中樞神經系統的活性產生愉悅感；(3) 中樞神經迷幻劑（Hallucinogens）：直接作用於更高級的人類活動──「思想」，並可以讓人產生幻覺。
2. 合成類：美沙酮、速賜康。

（二）影響精神藥物

1. 中樞神經抑制劑：紅中、青發、白板、FM$_2$。
2. 中樞神經興奮劑：安非他命類〔包括安非他命、甲基安非他命（Meth）〕；古柯鹼、快克；搖頭丸（非法取得的 MDMA）；卡西酮類（包括卡西酮、甲基甲基卡西酮、甲基乙基卡西酮等）。
3. 中樞神經幻覺劑：K 他命、LSD、裸蓋菇鹼（包括魔菇、鈕扣）、苯環利定（即天使塵）。
4. 其他：咖啡包、吸入劑類（包括笑氣、甲苯、強力膠、Rush）。

二、生活物質

（一）**抑制劑類的生活物質**：酒精、FM$_2$（精神科用藥）、部分抗憂鬱劑（精神科用藥）、嗎啡（外科用藥）。

（二）**興奮劑類生活物質**：咖啡、部分處方用藥（利尿劑、止痛藥、感冒藥）、尼古丁。

（三）**致幻劑類生活物質**：龍舌蘭、鼠尾草葉、雪茄、口嚼菸草。

（四）**草本物質／其他**：菸草、人參、褪黑激素、類固醇、能量飲（有增加酒精的）。

三、認識法定毒品（藥物）屬性、購買方式與售價的意義

（一）認識法定毒品（藥物）屬性的重要性

每一種藥物的屬性都彰顯了學生們在生活行為的內外在需求，因此探討學生使用法定毒品（藥物）的種類，對於了解學生們的內外在需求是非常有意義的。若能用「了解孩子使用目的與需求」取代「孩子就是成癮／上癮的直覺判斷」，也較能進入學生的世界，並在了解法定毒品（藥物）對學生

的正向意義下，與學生共同面對這些正向意義所隱藏的健康風險與生活危機（如觸法）；而不是先用健康風險與生活危機增加學生的生存焦慮。如此一來，這樣才能與學生一起找到滿足這些需求的「其他藥方」。

茲舉例兒少用藥目的與需求的可能樣態：害羞內向的學生，可能在使用搖頭丸或笑氣（即麻醉劑）後，在人際相處間會變得比較活潑、比較容易交到朋友等，因而進一步對這些物質產生正向的感受與需要；非常追求學業成就的學生，可能會過量使用提神飲品或安非他命，以降低對睡眠的需求並提升精力，進而滿足其學業成就的提升；因為家中父母經常吵架，導致有失眠困擾與憂鬱的學生，可能會使用 K 他命、笑氣、大麻等抑制／麻醉類物質，以降低他們的焦慮與助眠。

因此，本單元最後特別整理「**認識常見法定毒品（與管制藥品）簡表**」（表 2-1-1），除了希望能有助於你對法定毒品（藥物）的基礎認識外，也希望你能同時兼顧對學生內在需求的認識，以思考並擬定出能滿足這些學生內在需求或移除學生生活恐懼的「解方」。

（二）認識購買方式與途徑

在現代，網路科技已顛覆了許多傳統產業，毒品產業除了保持著傳統的實體交易形式，也加入了現代交易與支付的方式。而網路化交易的方式，則橫跨國際網路交易平臺（如國際代購、國際特定平臺、社交平臺）與國內平臺等。

在國際網路交易平臺上，過去曾有個很知名的國外網站叫「演化市場」（Evolution Marketplace），來自世界各地的賣家透過這個暗網，匿名交易非法商品和服務（不只販賣毒品，還包括使用毒品的器具，及其他黑市交易等）；爾後，結合虛擬貨幣在網路的流通（如比特幣），更加速並隱匿這些暗網中的毒品交易。

而國內年輕世代購買毒品的方式，在市場規模與價格影響下，多維持著

向實體藥頭購買與網路購買等二種方式，以確保來源的穩定與降低被警察查獲（或釣魚）的可能。因此，建議你也可進一步參考表 2-1-1 中「其他風險」（如取得途徑）的整理。

（三）藥物售價的意義

　　每一種法定毒品或娛樂性藥物的售價，通常受到警方查緝、原物料成本、毒品／藥物品質而有所不同，因此藥物售價的意義通常反映了一些社會意義。因此各位教師在有關藥物售價的意義上需要理解的有：

1. 不是毒品等級愈高的藥品（如一級毒品海洛因、二級毒品安非他命等），價格就愈貴，因此也請勿「直覺地」判斷學生若在毒品的開銷上很高，就一定是使用非常昂貴的毒品。

2. 當學生花比較多的費用在購買藥物時，他們有可能因為經濟負擔較高，進而被部分藥頭吸收成為車手（即幫忙送貨者），而個人的使用轉化成為附加價值等。這點也是非常需要了解孩子在經濟需求與負擔上的壓力，與衍生的觸法議題（如擔任車手至提款機領款協助洗錢）。

3. 當學生花較少的成本在使用法定毒品或娛樂性藥物時，可能面臨的是低劣商品對健康造成的衝擊（如品質較為低劣、但成本較低的咖啡包與彩虹菸等），因此也需要特別注意學生們的健康議題，並在關係建立良好下，引導學生對自己健康的重視。

　　以 K 他命為例，目前約 1 克售價 800 至 3,000 元不等，且有區域差異，東部較北部貴，且考量到存放與使用量之考量（如存放較多的量，風險也較高），因此對於年輕人來說，便不會囤太多；若是經濟狀況較好者，則有可能會囤較多，以利降低整體成本。而目前 K 他命以本土自製為多，另還有來自泰國、歐洲、澳洲等地洋貨為輔；購買方式可透過網路代購或實地直購等，因此也會涉及他們在交易時所承擔的風險成本。

四、如何辨識「成癮」、「副作用」與「藥物風險」

生活中的藥物成癮議題，其實多發生在合法取得後，因有藥物誤用的行為，進而導致成癮或衍生需採取非法取得的治療策略。或者是也有可能產生合法取得、但有非法使用等風險（如販賣、轉讓他人等）。茲列舉實務上可能發生的樣態如下：

有時候，學生可能會因為過分投注於學業的專注，進而攝取了過量的能量飲、咖啡、尼古丁等；有些孩子正在接受治療的過程中，可能不慎將服用的藥物轉讓給同儕，進而衍生出產生類似毒品反應，或是導致誤會使用毒品的窘境。

有些學生可能正因為人際困擾、家庭關係等，就失眠的問題求助精神科門診，而剛好醫生開立了 FM_2 作為治療藥物，而當同儕詢問學生吃什麼藥時，學生可能不知道 FM_2 在非法取得的狀況下為法定毒品，因此進而導致同儕間誤會學生使用法定毒品的窘境。

最後，要提醒的是，**當教師們發現學生們發生有些反常、或有別於您對其了解的異常行為時，可能在藥物的使用上，需要有更深與脈絡性的認識。同時，教師更應極力避免單就「症狀」或「異常行為」進行學生是否有使用法定毒品／娛樂性藥物的判斷；若僅從症狀與行為進行判斷，則將有失真實，且容易造成學生在健康評估上落入更大的不利風險與盲點中。因此必要時，應邀請青少年精神醫療的專業人員，讓學校、家長與醫療端有更具體提供學生們協助的策略，以維護其健康。**

過去（或目前）仍多以「藥物濫用」（Substance Abuse）稱呼使用法定毒品行為，然而基於毒品／藥物等使用行為背後多有其脈絡性因素，近年來以多用「藥物使用」（Substance Use）、「物質／藥物誤用」（Substance Misuse）等語言上的轉譯，以試圖降低濫用行為所帶來的刻板印象。

而所謂「物質／藥物成癮」（Addiction），是須經醫學與相關專業進

行診斷與評估後，根據臨床在物質／藥物使用後產生的身心症狀，進行成癮嚴重程度評估，始確認個人是否成癮。而成癮嚴重程度指標（Addiction Severity Index, ASI）包含了身體狀態、就業支持狀態、酒精／藥物使用、法律狀態、家庭社會關係、精神狀態等六大項。因此，成癮嚴重程度是需要由受過此類訓練之專業臨床人員進行評估，始能對個人產生實質的治療與健康復元之意義。

 提醒

　　並非每種物質／藥物使用後，都會在短時間「成癮」；**成癮與否的評估，須由受過成癮訓練人員執行**。若僅以使用法定毒品／娛樂性藥物的行為作為成癮與否的判斷，不僅有失真實，且容易產生學生在家庭關係、學校適應，以及面對司法與醫療處遇上的評估風險與盲點。**因此，強烈不建議在未經成癮評估下，把成癮、上癮等標籤掛在任何個人的生活中。**

（一）認識物質成癮與依賴

1. **耐受性**：使用特定物質／藥物時，對於該物質／藥物的使用劑量會有日漸升高／增多、或頻率增加等狀況，才能使身體／生理產生相同的藥效與感受。

2. **依賴性**：指個人透過使用該物質／藥物，才能自覺有能力維持生活的運作；但在不使用時，生理上尚無產生嚴重不適應或有不舒服的症狀。

3. **戒斷症狀**：個體不使用該法定毒品（藥物）時，生理上會產生從輕微到嚴重程度不等的不適應、不舒服症狀（如手抖、盜汗、噁心等）。**值得注意的是**，並非每一種法定毒品（藥物）都會有戒斷症狀，且戒斷症狀與副作用有時候在臨床上也十分容易混淆，因此協助孩子時，需要特別注意的大原則即是，只要孩子「**經常產生呼吸急促，或有嚴重腹瀉、噁心、嘔吐、腹絞痛、肌肉疼痛、體溫失溫等狀況**」，便已對健康產生實質的傷害，請

儘速協助孩子就醫與緩解疼痛，以避免孩子試圖透過更大量法定毒品（藥物）的攝取，落入過量使用的致死風險中。

 提醒

　　基於每個人健康、年齡、性別與體能狀況的不同，加上使用同一名稱的物質／藥物，都可能因為受到物質／藥物純質含量多寡、保存方式、使用劑量與頻率（如每次使用 1 克且一天使用四次，與每次 2 克且一天使用兩次）、使用方式（如鼻吸或注射）等差異，影響戒斷症狀的表現。

　　因此，要提醒您了解的是──「並非每種物質／藥物使用後停用，都必定會出現戒斷症狀」，若僅由戒斷症狀的有無來評估成癮程度或有無上癮，將有失真實，且容易產生個人在健康評估上的風險與盲點。舉例而言，一個容易緊張的學生可能時常跑廁所，若是因而被同儕或其他師長誤會有在拉 K（使用 K他命），便很可能對學生產生誤判。

（二）副作用

　　目前法定毒品或娛樂性藥物而言都是「藥」的一種，[1]因此依據每個人對於藥物適應程度與使用時間的長短等，都有可能會產生藥物副作用。有別於戒斷症狀，藥物副作用的意思是「服用藥物後，會產生非預期的作用」，有時個人持續使用法定毒品或娛樂性藥物的原因，可能就是來自於藥物副作用對健康產生的不利影響，而並非有「嚴重成癮」的狀態。

　　因此，區隔「藥物副作用」與「戒斷症狀」是相當重要的評估，對於目前法定毒品／娛樂性藥物的副作用，又可以臨床的經驗整理分為「短期」與「長期」的副作用。當然，這些藥物副作用的評估，也是需要由受過此類訓

---

[1] 藥物或藥，意指可對人或其他有機體產生已知生物效應的物質，主要是用以改變人類的生理功能和生化代謝，達到治療、預防、診斷疾病的醫學目的，與食品不同，而法定毒品或娛樂性藥物亦有此屬性。

練之專業臨床人員進行，且透過身體檢查（包括對血液、生化功能檢查、藥物檢查等），始能對副作用對個人產生的健康風險，有實質的治療與復元之作為。

（三）藥物風險與減少傷害

基於目前已知，許多人使用法定毒品／娛樂性藥物的理由與背後脈絡十分複雜，風險多來自於使用情境（如高樓、偏僻之處、性剝削、藥駕等），有時是因患有其他疾病（如罹癌、燒燙傷治療、創傷後壓力症候群、HIV/AIDS），或因家庭／親密暴力衍生的心理健康議題（如憂鬱症、創傷後壓力症候群），或人際適應問題（如學校霸凌、職場霸凌等），或其他各種原因等，進而使用法定毒品／娛樂性藥物。如何協助這些人降低藥物的實質風險，在所謂的傷害（Harm）並非僅針對藥理直接對健康的傷害下，在生活與治療歷程中提供能減少傷害的處遇服務與社會資源則相當重要。[2]

1. 基於治療性藥物、法定毒品與生活藥物（尤其是酒）的混用，往往衍生許多的健康風險，導致兒少或成年人也時常不清楚藥物交互作用帶來的潛藏副作用或併發症。因此，若師長們發現兒少有施用法定毒品、或合併酒精、或合併服用精神藥物時，則需特別注意其健康狀況，並應即時連結相關醫療資源，以降低混用導致的休克、內出血、肝臟負荷、血壓上升等各種不利健康的狀況。例如：所有藥物（無論合法、非法或精神治療藥物）都切勿不可與酒精合併使用。
2. 止痛藥和抗凝血藥物合併使用時，容易使外傷出血、血流不止。
3. 有活血效果的中藥（如當歸、人參）和抗凝血藥物合併使用時，會增加內出血風險。

---

[2]　相關處遇服務與社會資源請參照第三篇單元四說明。

4. 止痛藥和感冒藥合併使用時，會增加肝臟負荷、或導致肝臟衰竭。

5. 口服避孕藥不可以和抗生素合併使用，因為會影響避孕效果（尤其女性須特別注意）。

 提醒

混用酒精的風險

1. 酒精與治療性藥物合併使用的風險：基於酒精原本就屬於中樞神經抑制劑類的物質，因此若與鎮靜劑、抑制劑類等藥物合併使用，在加強對中樞神經系統的抑制效果下，不僅會增加嗜睡，甚至會誘發昏迷、心臟停止等危險的結果。酒精與阿斯匹靈等止痛劑合併使用，則可能增加腸胃道出血的副作用。

2. 酒精與法定毒品合併使用的風險：基於酒精原本就屬於中樞神經抑制劑類的物質，當酒精同時與法定毒品合併使用時（如笑氣、G水、海洛因、安非他命、K他命），不僅將因藥物屬性不同導致中樞神經系統效果的錯亂外，更可能因為這些法定毒品成分複雜、使用劑量難以控制等原因，加劇混用藥物的風險。

藥物混用的風險

　　無論是法定毒品或生活中各項治療藥物的混用，均會在對藥物作用與效果不明的狀況下，置健康與生命於風險之中。但僅口頭告知學生不要用，學生可能仍無法為自身健康做立即判斷，或發展保護力，因此建議師長若發現學生有混用藥物的行為時，可參考減少傷害的務實作為，與學生共同面對健康與生活的平衡，方為上策。此外，若有固定治療的孩子，也建議教師和家長應保持溝通，了解孩子治療的使用藥歷，在發生狀況時，可更快速地讓校方衛生人員掌握並協助救護人員知道孩子狀況（特別是藥物交互作用），提升家長、學校與醫療端效能以降低風險。

表 2-1-1　認識常見法定毒品（與管制藥品）簡表

名稱	屬性	使用方式	使用效果、戒斷症狀、副作用、其他風險	常見混用的藥物
K他命 第三級毒品 坊間又稱： K仔、K粉、克他命、愷他命、小姐、Special K、褲子	抑制劑	• 目前常見鼻吸K粉及呼K菸（類似抽菸）等二種。 • 實際可使用的方式包括：口服、靜脈注射、肌肉注射、鼻吸及混合菸草或大麻做成所謂的K菸。	• 使用效果：使用後會使人在情緒上產生持續的舒緩作用，使用後藥效多維持1至2小時左右。 • 戒斷症狀：有固定使用後，在短期（1至2個月內）仍不一定會有明顯的戒斷症狀，若僅偶有使用，則戒斷症狀會更不明顯。 • 副作用：可分短期與長期。短期副作用經常會影響吸食者的感覺、協調及判斷力，影響長達16至24小時，會使專注力、學習及記憶力受損，並可產生幻覺、錯亂、意識模糊、噁心、嘔吐、複視、視覺模糊、影像扭曲、暫發性失憶及身體失去平衡等症狀。長期副作用則是會因長期使用導致身體許多器官損害，例如：心臟血管系統（K他命會使心博過速、血壓升高，增加心臟的負荷，因此很容易導致原本心臟不好的病人心臟衰竭）、呼吸系統（可能造成咽喉收縮、分泌物增加、氣管擴張、急性肺水腫、呼吸抑制等）。部分長期大量使用K他命者會發生劇烈腹痛，即所謂的K痙攣（K-cramp），但原因目前	• 咖啡包、安非他命、MDMA、大麻、不明藥物、海洛因、搖頭丸、笑氣、嗎啡。

表 2-1-1　認識常見法定毒品（與管制藥品）簡表（續）

名稱	屬性	使用方式	使用效果、戒斷症狀、副作用、其他風險	常見混用的藥物
			不明。而這些有腹痛症狀的病人常伴隨有肝功能異常與總膽管問題。此外，長期使用也會導致腦部病變及認知功能障礙，特別是記憶力變差。 • **其他風險**：由於部分品質不良的 K 他命會摻雜建築用玻璃沙，以致吸入體內後影響膀胱功能，導致膀胱容量變小、纖維化、彈性變差、潰瘍、出血等狀況，並降低儲尿功能。	
咖啡包／毒奶茶包依照純質淨重含量[3]	混合型	• 外包裝以仿製本土即溶沖泡咖啡包裝為多，無固定品牌。 • 非單一成分，其成分可能混合 K 他命、安非他命、搖頭丸、卡西酮	• **使用效果**：不明，依照其成分比例反應在使用者使用後之感受上。 • **戒斷症狀**：不明，依照其成分比例反應在使用者使用經驗。 • **副作用**：難以入睡、經常有失眠與半夜不睡等狀況，眼睛畏光、心跳加速、咬緊牙根、躁熱、多汗、不停抖腳、口乾舌燥或伴隨嘴唇乾	• K 他命、安非他命、笑氣、搖頭丸、酒精。

3　《毒品危害防制條例第 11 條》：「……持有第一級毒品純質淨重十公克以上者，處一年以上七年以下有期徒刑，得併科新臺幣一百萬元以下罰金。（III）持有第二級毒品純質淨重二十公克以上者，處六月以上五年以下有期徒刑，得併科新臺幣七十萬元以下罰金。（IV）持有第三級毒品純質淨重五公克以上者，處二年以下有期徒刑，得併科新臺幣二十萬元以下罰金。（V）持有第四級毒品純質淨重五公克以上者，處一年以下有期徒刑，得併科新臺幣十萬元以下罰金。（VI）……」

表 2-1-1　認識常見法定毒品（與管制藥品）簡表（續）

名稱	屬性	使用方式	使用效果、戒斷症狀、副作用、其他風險	常見混用的藥物
		等。	裂（會常出現舔嘴唇的行為）、鎖尿（一直跑廁所但尿不出來）、說話邏輯紊亂、沒有食慾，有時會出現一睡睡很久（超過一天）的狀況。 • 其他風險：使用過量時，會出現自殘或衝動控制不佳的狀況；與人發生言行衝突的狀況頻繁，但卻會遺忘原因與事件發生的狀況；牙齦腫脹且難以進食，嚴重時甚至會發生痙攣、抽蓄、口吐白沫、嚴重脫水（大量出汗）等狀況。發生此狀況時，須立刻送醫。目前主要購買管道多透過蝦皮、PTT、微信等分享經驗與資訊交流之會員專版，因此可能面臨被網路釣魚，或被網路詐騙等衍生風險。值得特別注意的是，咖啡包與酒精混用的致死風險極高。	
彩虹菸、香香 第三級毒品，並依照純質淨重含量	混合型	• 包裝華麗、色彩繽紛，菸草內含混合毒品，外型近似香菸，濾嘴塗上色彩。	• 使用效果：不明，依照其成分比例反應在使用者使用後之感受上。若使用含有抑制劑類的彩虹菸，則使用後會使人在情緒上產生持續的舒緩、放鬆等作用。	• 酒精、G 水。

表 2-1-1　認識常見法定毒品（與管制藥品）簡表（續）

名稱	屬性	使用方式	使用效果、戒斷症狀、副作用、其他風險	常見混用的藥物
		• 通常是氯苯基戊酮，為合成卡西酮物質的一種，但也多半非單一成分，可能混合搖頭丸、K他命、一粒眠、FM_2等。	• 戒斷症狀：不明，依照其成分比例反應在使用者使用經驗。 • 副作用：由於成分複雜，且使用者的來源通常不太固定，因此不當使用容易產生的風險有心臟衰竭、膀胱萎縮等。 • 其他風險：含有 FM_2 的彩虹菸，由於 FM_2 為中樞神經抑制劑類，因此有安眠的作用，近年更有強姦藥丸的稱號；過量使用容易導致昏迷不醒、心臟衰竭等風險。未含有 FM_2 的彩虹菸，其成分多含有搖頭丸粉末、K他命、菸草或大麻等物質，因此相關副作用與風險，請參考本單元四（二）、（三）。目前主要購買管道多透過 PTT、Dcard、臉書社團、微信等分享經驗與資訊交流之會員專版，因此可能面臨被網路釣魚，或被網路詐騙等衍生風險。	

表 2-1-1　認識常見法定毒品（與管制藥品）簡表（續）

名稱	屬性	使用方式	使用效果、戒斷症狀、副作用、其他風險	常見混用的藥物
笑氣管制藥品[4]	麻醉劑	• 鼻吸爲主。	• 使用效果：使用後會使人在情緒上產生持續的舒緩作用。 • 戒斷症狀：有固定使用後，在短期（1至2個月內）仍不一定會有明顯的戒斷症狀，若僅偶有使用，則出現戒斷症狀的時間會更晚。需特別注意之處爲，因笑氣非法定毒品，因此僅單純使用之比例也不低，不一定會多重使用。 • 副作用：容易有下肢無力，全身多處感覺異常、麻木、排便困難、尿失禁等。長期副作用則會有併發脊髓神經受損退化，導致肢體麻木而無法行走的風險，需接受治療以恢復肌力。部分在青春期便使用笑氣的病患，在認知與記憶能力上，不僅會產生明顯退化與負面影響，甚至會延續到成年後。	• 酒精、搖頭丸、安非他命。

---

4 目前在《毒品危害防制條例》上仍無分級，以及基於法律將笑氣分爲醫療用及工業用二種，但二種成分完全一樣，所以管理困難，民眾很容易取得。目前由環保署將笑氣列爲跨部會管制的關注化學物質，協同經濟部、衛福部及警政機關等聯手管制，除要求製造、輸入及販賣業者應取得核可、申報交易資料外，並禁止於網購平臺交易。依照環保署罰則，吸食者將以「無照運作」處理，罰 3 萬到 30 萬元，若無照提供他人使用並致人於死或危害人體健康，則更可最高處無期徒刑或七年以上有期徒刑，併科罰金最高 1,000 萬元。目前笑氣已必須添加具有惡臭味的「二氧化硫」，藉此遏止目前不當流用吸食情形。

表 2-1-1　認識常見法定毒品（與管制藥品）簡表（續）

名稱	屬性	使用方式	使用效果、戒斷症狀、副作用、其他風險	常見混用的藥物
			• 其他風險：目前法律上將笑氣分爲醫療用及工業用二種，但二種成分完全一樣，所以管理困難，民眾很容易取得，甚至拿到聚會場合濫用、當作助興劑。目前非法取得的主要購買管道多透過PTT、Dcard、臉書社團、微信等分享經驗與資訊交流之會員專版，因此可能面臨被網路釣魚，或被網路詐騙等衍生風險。	
安非他命 第二級毒品 俗稱： 呼菸、冰塊、安公子、冰糖、安仔、炮仔、鹽	興奮劑	• 口服、鼻吸、菸吸、注射。	• 使用效果：一般市面上查獲的多屬甲基安非他命，其爲安非他命的一種衍生物，脂溶性較高，藥效較快產生。安非他命、甲基安非他命二者均屬中樞神經興奮劑，使用者於初用時會有提神、振奮、欣快感、自信、滿足感等效果。 • 戒斷症狀：包括疲倦、沮喪、焦慮、易怒、全身無力，嚴重者甚至出現自殺或暴力攻擊行爲；中毒症狀包括體溫過高（可高達43℃）、脫水、低血鈉、急性高血壓、心律不整、凝血障礙、橫紋肌溶解及急性腎衰竭等症狀，嚴重者可能導致死亡。	• 酒精、安眠藥、菸草。

表 2-1-1　認識常見法定毒品（與管制藥品）簡表（續）

名稱	屬性	使用方式	使用效果、戒斷症狀、副作用、其他風險	常見混用的藥物
			• 副作用：多次使用並已產生依賴性後，原本正向提神與振奮的感覺會逐漸縮短或消失，不用時會感覺無力、沮喪、情緒低落而致使用量及頻次日漸增加。長期使用後經常衍生合併有精神疾病（如思覺失調症、被害妄想症、躁鬱症等），症狀包括猜忌、多疑、妄想、情緒不穩、易怒、視幻覺、聽幻覺、觸幻覺、強迫或重複性的行為及睡眠障礙等，也常伴有自殘、暴力攻擊行為等，且會提高中風機率（多半會在成年後發現）。 • 其他風險：因安非他命具有抑制食慾的作用，常被摻入非法減肥藥中，此狀況較容易出現於女性生活中。此外，部分青少年生活中，存有以「藥」助「性」（即藥愛，chemsex）的行為，包括網路約炮、性愛派對等，因而衍生性傳播感染（如淋病、菜花、梅毒、HIV等）。因此當發現孩子有此類生活行為時，則須進一步提供安全性行為的知識，及	

表 2-1-1　認識常見法定毒品（與管制藥品）簡表（續）

名稱	屬性	使用方式	使用效果、戒斷症狀、副作用、其他風險	常見混用的藥物
			保險套、潤滑液[5]等消耗品，以降低孩子的健康風險與經濟負擔。	
魔菇 第二級毒品 學名為：賽洛西賓Psilocybin，即裸蓋菇素，坊間又稱：神奇／魔幻蘑菇、迷幻蘑菇／松露	幻覺／迷幻劑	• 使用方式多以口服為主。	• **使用效果**：食用後約 20 分鐘內，使用者即可感覺肌肉放鬆、心跳過速、瞳孔放大及迷幻等作用。由於使用後會使人在情緒上產生持續的舒緩、放鬆、注意力轉移等作用（如治療憂鬱症、焦慮症），部分國家開放此物質作為對有情緒困擾者之治療藥物，並在醫療合法開立下提供患者使用（如美國、英國、澳洲）。 • **戒斷症狀**：有固定使用後，在短期（1 至 2 個月內）仍不一定會有明顯的戒斷症狀，若僅偶有使用，則出現戒斷症狀的時間會更晚。 • **副作用**：短期副作用會有噁心、嘔吐、嗜睡、肌肉無力等感受。長期副作用則是有極少部分使用者會產生類似精神病性障礙等症狀，並可達一年到數年不等，端看使用劑量與頻率。	• LSD、酒精、大麻、G 水、搖頭丸、K 他命。

5　潤滑液指的是人在發生插入式性行為時，為降低摩擦產生的不適感所使用的物質。主要目的在潤滑與減少摩擦產生的傷口，是一種發生性行為的輔助用品，在正確使用下，經常被作為預防感染性病的好方法，其種類包括水性、油性、矽性等。在有戴保險套的情況下，不可使用油性潤滑液，應使用水性或矽性之潤滑液，以降低保險套破裂的風險；若在沒有戴保險套的狀況下，則油性、矽性等潤滑液的效果比較好，較能減少過度摩擦產生的細微傷口。

表 2-1-1　認識常見法定毒品（與管制藥品）簡表（續）

名稱	屬性	使用方式	使用效果、戒斷症狀、副作用、其他風險	常見混用的藥物
			• 其他風險：目前主要購買管道多透過 PTT、Dcard、臉書社團、微信等分享經驗與資訊交流之會員專版，因此可能面臨被網路釣魚，或被網路詐騙等衍生風險。	
大麻第二級毒品	幻覺／迷幻劑	• 鼻吸、捲菸。	• **使用效果**：使用後會使人在情緒上產生持續的舒緩作用，部分國家開放此物質作為對有情緒困擾者之治療藥物，並在醫療合法開立下提供患者使用；部分國家已開放人民在生活中合法使用，或在特定休閒場所下使用。 • **戒斷症狀**：有固定使用後，在短期（1 至 2 個月內）仍不一定會有明顯的戒斷症狀。輕度戒斷症狀會產生輕度的厭食、焦慮、不安、躁動（心跳加快）、口乾、眼乾、憂鬱、睡眠障礙等。若僅偶有使用，則出現戒斷症狀的時間會更晚。 • **副作用**：短期副作用為，在吸食後會產生心跳加快、妄想、幻覺、口乾、眼睛發紅等現象。長期副作用則會在心理產生藥物耐受性與依賴感，生理上則會有記憶／學習力與認知能力減退、焦慮、憂鬱、多疑、失去方向感、體重增加、免疫力降低、不孕症、精子減少、精	• K 他命、酒精。

表 2-1-1　認識常見法定毒品（與管制藥品）簡表（續）

名稱	屬性	使用方式	使用效果、戒斷症狀、副作用、其他風險	常見混用的藥物
			子活動減退及對周遭事務漠不關心之「動機缺乏症候群」。懷孕婦女吸食大麻常會造成早產、胎兒體重偏低。 • 其他風險：吸食大麻普遍罹患癌症機率與香菸者類似，且易導致多痰咳嗽、支氣管炎等呼吸道疾病。青少年時期使用大麻會造成智力商數（IQ）下降，記憶及學習能力降低，且大麻帶來的幻覺作用會造成知覺異常，常導致交通事故等公共危險傷害。目前主要購買管道多透過 PTT、Dcard、臉書社團、微信等分享經驗與資訊交流之會員專版，因此可能面臨被網路釣魚，或被網路詐騙等衍生風險。	
MDMA 第二級毒品 又稱Ecstasy、AKA、亞當、狂喜、搖頭丸、綠蝴蝶	興奮劑	• 口服為多，另有吸食。常以各種不同顏色、圖案之錠劑、膠囊或粉末流通，很難從外觀辨識。	• 使用效果：使用後會使人在情緒上產生持續的舒緩、愉悅、專注力提高等作用，部分國家開放此物質作為對有情緒困擾者之治療藥物（如憂鬱症、創傷後壓力症候群），並在醫療合法開立下提供患者使用（如美國、英國）。 • 戒斷症狀：有固定使用後，在短期（1至2個月內）會開始出現輕度的戒斷症狀，例如：停止使用後會出現情緒激昂、憂鬱、全身乏力、睡眠異常、焦慮易怒等。	• K他命。

表 2-1-1　認識常見法定毒品（與管制藥品）簡表（續）

名稱	屬性	使用方式	使用效果、戒斷症狀、副作用、其他風險	常見混用的藥物
			• 副作用：認知與記憶力下降、偏執、失眠、磨牙、視力模糊、流汗、心跳過速、輕度憂鬱、輕度疲勞。長期副作用會衍生憂鬱症、重鬱症、注意力無法集中／反應變慢，及身體長期處於嚴重疲勞之狀況，以至於時常發生生活意外與受傷。 • 其他風險：使用過量時會體溫過高、嚴重脫水，甚至導致瀕死等。目前主要購買管道多透過 PTT、Dcard、臉書社團、IG、微信等分享經驗與資訊交流之會員專版，因此可能面臨被網路釣魚，或被網路詐騙等衍生風險。	
海洛因 第一級毒品 坊間又稱：4號、白粉、衣服	抑制劑	• 實際可使用的方式包括口服、靜脈注射、動脈注射、肌肉注射、鼻吸、捲菸等。 • 目前因 HIV 盛行，因此採動靜脈注射行為者已趨緩，並進而走回捲菸等方式。	• 使用效果：使用後會使人在情緒上產生持續的舒緩作用；藥效依照成癮嚴重程度不一，維持 1 至 2 小時左右或更短。 • 戒斷症狀：有固定使用頻率後，約 2 至 4 週內會有很明顯的戒斷症狀出現。僅偶有使用，也會根據其使用劑量出現輕微的戒斷症狀，其症狀包括情緒不安、打呵欠、流淚、流鼻水、盜汗、失眠、厭食、腹瀉、噁心、嘔吐、發冷、腹痛、肌肉疼痛	• 酒精、菸草（尼古丁）、咖啡等。

表 2-1-1　認識常見法定毒品（與管制藥品）簡表（續）

名稱	屬性	使用方式	使用效果、戒斷症狀、副作用、其他風險	常見混用的藥物
			等。尤其對於長期使用者來說，上述症狀不僅明顯且程度嚴重，部分使用者甚至會出現胡言亂語、精神不穩定、肢體不協調、在地上打滾或全身宛如螞蟻在爬等狀況。 • 副作用：包括呼吸抑制（呼吸減少）、口乾、嗜睡、神經功能受損、便祕和成癮。注射的可能副作用則有膿瘍、心內膜炎、血源性感染和肺炎。 • 其他風險：此類鴉片類的戒斷症狀多半會在使用後的 4 至 6 小時內出現，並持續到使用者再次使用後，戒斷症狀才會停止。若使用者表示有使用海洛因長達數月、但仍無明顯戒斷症狀產生，則可能使用到品質不良、或有混用其他藥物等狀況發生，因此反而需要進行較全面的健康評估。最後，值得注意的是，在同樣的海洛因劑量下，常因使用的方式不同，而導致人體會有不同程度的戒斷症狀產生；分別狀態爲：口服 < 菸吸 < 鼻吸 < 靜脈注射 < 動脈注射（開桶），以動脈注射的行爲危險度最高，吸收與效果最快，傷害性也最高。	

單元二

毒品危害防制條例的認識

林俊儒

　　想到《毒品危害防制條例》，人們多半會想起朝會宣講時的嚴懲重罰吧，但如果被細問起來，對於對應到什麼條文？會有什麼處罰？其實並不是那麼清楚。坊間又流傳大量真假難辨的資訊，包括「校園內擁有 50 公克的毒品，才被視同毒販」，使得法務部不得不發布新聞稿來說明是假消息；又或者以為「拿毒品給別人，沒收錢就沒事」，讓人無法分辨販賣毒品與轉讓毒品的差別；又或者聽聞「未滿 18 歲不會被判刑」，讓少年因此投身於販毒的行列。

　　《少年事件處理法》對於少年有特別規定，施用毒品依照法定毒品等級適用不同程序，販賣毒品屬觸犯最輕本刑五年有期徒刑以上之罪而移送到檢察官面前（犯罪時未滿 14 歲者不適用之），有其複雜程序。在此，是跳脫這些複雜的程序規範，先簡單扼要地說明《毒品危害防制條例》，讓讀者對於條例的基本架構，以及這部法律認定犯罪的行為樣態有初步認識，既是自保，也是救人，不要因為錯誤的江湖傳言而置身險境或遭致嚴懲重罰。

一、《毒品危害防制條例》的基本處罰樣態

　　由於《毒品危害防制條例》處罰行為樣態非常多，在這裡不會逐項介

紹，而是說明條例裡常見的處罰行為，包括三個部分：「製造、運輸、販賣」、「意圖販賣而持有」、「轉讓、持有、施用」，分別解釋行為定義及其常見爭議。

（一）製造、運輸、販賣

《毒品危害防制條例》第4條，[6]處罰「製造」、「運輸」、「販賣」毒品的行為，這個規定就像是棒球比賽的第四棒，處罰力道最強，也最為嚴厲，在第一級毒品部分，最重是可以處到死刑或無期徒刑的程度。以下逐項說明。

「製造」是指基於製造毒品，故意將原物料加工，製成特定目的產品。有人可能會問，用「化學方式」提煉毒品不難想像是製造行為，但如果是用「物理方式」拼裝成另一種毒品，或改變毒品使用方法呢？（如將毒品混合、加工過程中分裝毒品，或為方便毒品者施用所為的改變毒品型態）最高法院認為，在符合主觀犯意外，如果行為本身已經變更毒品效果或使用方法，且在此過程已造成對社會秩序或人體健康潛在危險，就會成立製造毒品罪。[7]聽起來有點抽象，最淺顯的例子就是混合不同種類毒品粉末成咖啡包，

6　《毒品危害防制條例》第4條：「（Ⅰ）製造、運輸、販賣第一級毒品者，處死刑或無期徒刑；處無期徒刑者，得併科新臺幣三千萬元以下罰金。（Ⅱ）製造、運輸、販賣第二級毒品者，處無期徒刑或十年以上有期徒刑，得併科新臺幣一千五百萬元以下罰金。（Ⅲ）製造、運輸、販賣第三級毒品者，處七年以上有期徒刑，得併科新臺幣一千萬元以下罰金。（Ⅳ）製造、運輸、販賣第四級毒品者，處五年以上十二年以下有期徒刑，得併科新臺幣五百萬元以下罰金。（Ⅴ）製造、運輸、販賣專供製造或施用毒品之器具者，處一年以上七年以下有期徒刑，得併科新臺幣一百五十萬元以下罰金。（Ⅵ）前五項之未遂犯罰之。」

7　最高法院110年度台上字第521號刑事判決：「若單純以『物理方式』將各種毒品拼裝成另一種毒品，或改變毒品使用方法（如將毒品混合、於加工過程中分裝毒品，或為方便毒品者施用所為之改變毒品型態等），除應視行為人之主觀犯意外，倘其行為本身已變更毒品之效果或使用方法，於過程中已造成對社會秩序或人體健康潛在威脅者，自應成立『製造』毒品罪。」

這就可能被論以製造毒品罪。

　　「運輸」是指基於搬運毒品意思而為輸送，不管是用陸海空運、寄送還是親送、國外送國內或國內兩地移動，都會符合這個定義。對此，相信有不少人曾經聽聞，只要是「零星夾帶」或「短途持送」就可以論以刑度較輕的持有毒品罪，而非刑度較重的運輸毒品罪。例如：從桃園到臺北購買毒品回家施用而無意使毒品擴散，這算是典型案例。不過，在此要鄭重提醒，符合此規定並不容易，而且法院還要審查主觀上有無運輸意思，也通常會考量持有數量、路途遠近等因素，[8]否則極可能會被論以運輸毒品罪。

　　「販賣」是指意圖營利而將毒品有償地讓與他人，不管這個有償的經濟價值是折算「金錢」或「勞務」，或是賺「量差」還是「純度差」都算，並且每次的販賣行為是一罪一罰。還有一件事要特別注意，即便只是幫忙看貨、送貨、議價或收錢，只要主觀上知道請求協助者是販賣毒品，通通會被認為是共同販賣毒品罪，並不是只構成幫助販賣毒品罪。[9]這已經是法院長期認定的實務見解，請不要以為幫忙跑腿事情小條，這是相當常見的誤解。

（二）意圖販賣而持有

　　「意圖販賣而持有」[10]是指原本並不是以營利為目的而買進或取得毒

8　最高法院 101 年度台上字第 2161 號刑事判決：「所謂『零星夾帶』係指行為人為圖施用方便，自行於入出境，或國內相距兩地往來時，利用隨身或托運行李攜帶或夾帶少量毒品或偽藥、禁藥者而言。」

9　最高法院 106 年度台上字第 862 號刑事判決：「舉凡聯絡毒品買賣、交付毒品、收取毒品買賣價金等行為，均屬販賣毒品罪構成要件事實之部分行為。如行為人主觀上明知他人從事販賣毒品之行為，客觀上為他人分擔議價、送貨、收款等屬於販賣毒品罪構成要件事實之部分行為，即係分擔實行犯罪行為，無論是否基於幫助販賣之意思，自應負共同販賣毒品之罪責，不能僅評價為販賣毒品罪之幫助犯。」

10　《毒品危害防制條例》第 5 條：「（I）意圖販賣而持有第一級毒品者，處無期徒刑或十年以上有期徒刑，得併科新臺幣七百萬元以下罰金。（II）意圖販賣而持有第二級毒品者，

品，之後才打算要出售持有的毒品營利，而尚未著手賣出的行為。讀者聽起來一定覺得很奇怪，這不是只有內心的轉折嗎？那麼要怎麼證明？關於這部分，司法實務是回到「原本取得毒品情況」進行判斷：毒品是別人贈送的？原本自己要用的？還是他人寄藏的？還得綜合持有毒品數量以及其個人施用情形等要素判斷。從這個角度看來，相信讀者已經意識到，如果持有的數量較大而非個人施用，再加上若干證據，就有被認定為意圖販賣而持有遭到處罰的風險。

（三）轉讓、持有、施用

「轉讓」[11] 是指沒有營利意圖而移轉毒品所有權給他人，至於該轉讓行為是否收到代價（收到代價也可能是非營利，例如：以同樣或更低的價格提供他人），都不會影響成罪與否。如果是非營利的讓與毒品行為，原則上成立轉讓毒品罪。大家想像轉讓應該是要主動提供，但其實被動放置在桌上供在場之人自行取用也算是轉讓毒品。另外，如果轉讓毒品數量達到一定的標準，甚至會加重二分之一刑。依照《轉讓毒品加重其刑之數量標準》第 2 條規定的標準是：第一級毒品淨重 5 公克以上、第二級毒品淨重 10 公克以上、第三級與第四級毒品淨重 20 公克以上。

處五年以上有期徒刑，得併科新臺幣五百萬元以下罰金。（III）意圖販賣而持有第三級毒品者，處三年以上十年以下有期徒刑，得併科新臺幣三百萬元以下罰金。（IV）意圖販賣而持有第四級毒品或專供製造、施用毒品之器具者，處一年以上七年以下有期徒刑，得併科新臺幣一百萬元以下罰金。」

[11] 《毒品危害防制條例》第 8 條：「（I）轉讓第一級毒品者，處一年以上七年以下有期徒刑，得併科新臺幣一百萬元以下罰金。（II）轉讓第二級毒品者，處六月以上五年以下有期徒刑，得併科新臺幣七十萬元以下罰金。（III）轉讓第三級毒品者，處三年以下有期徒刑，得併科新臺幣三十萬元以下罰金。（IV）轉讓第四級毒品者，處一年以下有期徒刑，得併科新臺幣十萬元以下罰金。（V）前四項之未遂犯罰之。（VI）轉讓毒品達一定數量者，加重其刑至二分之一，其標準由行政院定之。」

　　轉讓毒品也可能同時違反《藥事法》第 83 條 [12] 第 1 項的轉讓禁藥罪。舉例而言，如果轉讓第二級毒品甲基安非他命 5 公克予他人，就會同時構成這二條罪。依照最高法院見解，會選擇較重的轉讓禁藥罪論處。[13]

　　更可怕的還在後頭，如果提供給他人施用的毒品混有雜質、施用者使用劑量過多或身體狀況不堪負荷，很可能使人藥物過量（Overdose）引起死亡結果。如果此間屬於通常事態發展過程而有合理關聯性，具有相當因果關係，也可能因此成立轉讓禁藥致人於死罪。此處罰不僅限於轉讓行為，包括販賣、運送禁藥行為都在處罰範圍之列，是人們往往會輕忽的風險。

　　「持有」[14] 是指占有毒品並具有支配管理能力，而該毒品又達一定數

---

[12]《藥事法》第 83 條：「（I）明知為偽藥或禁藥，而販賣、供應、調劑、運送、寄藏、牙保、轉讓或意圖販賣而陳列者，處七年以下有期徒刑，得併科新臺幣五千萬元以下罰金。（II）犯前項之罪，因而致人於死者，處無期徒刑或十年以上有期徒刑，得併科新臺幣二億元以下罰金；致重傷者，處三年以上十二年以下有期徒刑，得併科新臺幣七千五百萬元以下罰金。（III）因過失犯第一項之罪者，處二年以下有期徒刑、拘役或科新臺幣五百萬元以下罰金。（IV）第一項之未遂犯罰之。」

[13] 最高法院刑事大法庭 109 年度台上大字第 4243 號裁定：「行為人轉讓同屬禁藥之第二級毒品甲基安非他命（未達法定應加重其刑之一定數量）予成年人（非孕婦），依重法優於輕法之原則，擇較重之藥事法第 83 條第 1 項轉讓禁藥罪論處，如行為人於偵查及歷次審判中均自白，仍應適用毒品危害防制條例第 17 條第 2 項規定減輕其刑。」

[14]《毒品危害防制條例》第 11 條：「（I）持有第一級毒品者，處三年以下有期徒刑、拘役或新臺幣三十萬元以下罰金。（II）持有第二級毒品者，處二年以下有期徒刑、拘役或新臺幣二十萬元以下罰金。（III）持有第一級毒品純質淨重十公克以上者，處一年以上七年以下有期徒刑，得併科新臺幣一百萬元以下罰金。（IV）持有第二級毒品純質淨重二十公克以上者，處六月以上五年以下有期徒刑，得併科新臺幣七十萬元以下罰金。（V）持有第三級毒品純質淨重五公克以上者，處二年以下有期徒刑，得併科新臺幣二十萬元以下罰金。（VI）持有第四級毒品純質淨重五公克以上者，處一年以下有期徒刑，得併科新臺幣十萬元以下罰金。（VII）持有專供製造或施用第一級、第二級毒品之器具者，處一年以下有期徒刑、拘役或新臺幣十萬元以下罰金。」

《毒品危害防制條例》第 11 條之 1：「（I）第三級、第四級毒品及製造或施用毒品之器具，無正當理由，不得擅自持有。（II）無正當理由持有或施用第三級或第四級毒品者，處新

量，即會區分不同種類予以處罰。如果持有數量達到一定程度則會加重其刑，而這裡的重量計算是以「純質淨重」計算。

「施用」[15] 是指對於該毒品有認識並施用之，施用方式並不影響其犯罪認定，不管是以玻璃球燒烤方式施用甲基安非他命、將大麻花磨碎捲成菸或透過霧化器施用，都成立施用毒品罪。施用第一級毒品與第二級毒品，屬於刑事犯罪，多半被認定爲一罪一罰；施用第三級及第四級毒品，則會受到行政罰，通常以罰鍰或課程講習爲主。實務檢驗施用毒品多半透過驗尿或毛髮，因不同毒品種類殘留人體期間不同，且採驗過程可能有誤差，或有在國外施用後回國驗出毒品的案例；如對於施用毒品判定結果有所爭議，仍然可以尋求法律的救濟。

另外，在此想特別提醒，少年施用第三級或第四級毒品並非如成人處以罰鍰或課程講習。也正因爲如此，很多人會說等到成年之後施用 K 他命就輕鬆了，只要上課就沒事了？這個說法似是而非。首先，罰鍰數額並不低，通常一次 2 萬元且得按次連續處罰，最高上限爲 20 萬元；其次，施用者會被列爲治安人口不斷受到警察關注，不僅勞民傷財，生活也會受到影響，並不如想像中輕鬆容易。

同時也提醒讀者，爲促進施用毒品者有誘因接受治療，如果在施用毒品行爲未被發覺之前自動請求治療，醫療機構不會將請求治療者送往法院或檢察機關。[16] 另外，考量施用毒品者若已經罹有物質使用疾患，戒癮並不是件

臺幣一萬元以上五萬元以下罰鍰，並應限期令其接受四小時以上八小時以下之毒品危害講習。（III）少年施用第三級或第四級毒品者，應依少年事件處理法處理，不適用前項規定。（IV）第二項裁罰之基準及毒品危害講習之方式、內容、時機、時數、執行單位等事項之辦法，由法務部會同內政部、行政院衛生署定之。」

[15]《毒品危害防制條例》第 10 條：「（I）施用第一級毒品者，處六月以上五年以下有期徒刑。（II）施用第二級毒品者，處三年以下有期徒刑。」

[16]《毒品危害防制條例》第 21 條：「（I）犯第十條之罪者，於犯罪未發覺前，自動向衛生福

容易的事，如果依照《毒品危害防制條例》第 21 條第 1 項規定治療中被查獲者是成人，將由檢察官爲做成不起訴處分；若爲少年，則由少年法院做成不付審理之裁定。不過，這部分以一次爲限。

二、《毒品危害防制條例》的常見問題釐清

　　透過上述簡要介紹呈現《毒品危害防制條例》的基本處罰樣態，讓讀者有初步的認識。在行文之中，也有在介紹各條文所指的行爲樣態時，補充說明各行爲所涉及的重要爭議或誤解。接著，我們在此將再另外挑出三個常見於《毒品危害防制條例》的問題，單獨列出來釐清。

（一）處罰條文並不代表實際的適用程序及結果

　　前述處罰行爲樣態及相關條文說明，讓讀者了解哪些是刑事司法會懲罰的行爲。然而，實際上當事人會經歷什麼樣的「程序」並且對應什麼樣的「結果」，並不能和前面洋洋灑灑列出的條文與刑度畫上等號。

　　就程序而言，如果當事人是少年，將會適用《少年事件處理法》；[17] 就結果而言，即便是成年人，考量施用毒品特殊性，施用毒品部分並不如條文所述處以有期徒刑，可能適用附條件緩起訴處分而在社區接受戒癮治療或其他附條件要求，或者在勒戒所以隔離方式執行「觀察勒戒」甚至接續執行「強制戒治」。[18]

利部指定之醫療機構請求治療，醫療機構免將請求治療者送法院或檢察機關。（Ⅱ）依前項規定治療中經查獲之被告或少年，應由檢察官爲不起訴之處分或由少年法院（地方法院少年法庭）爲不付審理之裁定。但以一次爲限。」

[17] 請參照第三篇單元五説明。

[18]《毒品危害防制條例》第 20 條：「（Ⅰ）犯第十條之罪者，檢察官應聲請法院裁定，或少年法院（地方法院少年法庭）應先裁定，令被告或少年入勒戒處所觀察、勒戒，其期間不得逾二月。（Ⅱ）觀察、勒戒後，檢察官或少年法院（地方法院少年法庭）依據勒戒處所之

（二）販賣、轉讓、幫助施用的難題

如果行為人客觀上呈現「交付毒品給另外一個人並取得代價」的外觀，在沒辦法知道他主觀意思的時候，讀者可以想看看，如果你是司法機關，要怎麼評價此行為？是販賣？是轉讓？還是幫助施用？這些認定將對應到不同的處罰條文，刑期也是天壤之別。可以看一下販賣第二級毒品罪的條文，可能判到無期徒刑或十年以上有期徒刑，而幫助施用第二級毒品則將依照法定刑三年以下有期徒刑再為折減。這麼大的差距，不僅讓刑事司法人員頭痛，也埋下冤屈的可能。

這項難題無法用三言兩語交代完畢，有賴繁複的證據法與刑事程序適用才能得到結果。在此只能抽象地討論：如果有營利意圖，則成立「販賣毒品罪」；如果沒有營利意圖而取得之代價低於或等同於原始取得毒品的價值，則成立「轉讓毒品罪」；如果是受施用毒品者所託代為購買，以協助其施用的方式犯罪，則成立「幫助施用毒品罪」。這裡要特別提醒，主張幫別人拿

陳報，認受觀察、勒戒人無繼續施用毒品傾向者，應即釋放，並為不起訴之處分或不付審理之裁定；認受觀察、勒戒人有繼續施用毒品傾向者，檢察官應聲請法院裁定或由少年法院（地方法院少年法庭）裁定令入戒治處所強制戒治，其期間為六個月以上，至無繼續強制戒治之必要為止。但最長不得逾一年。（III）依前項規定為觀察、勒戒或強制戒治執行完畢釋放後，三年後再犯第十條之罪者，適用前二項之規定。（IV）受觀察、勒戒或強制戒治處分之人，於觀察、勒戒或強制戒治期滿後，由公立就業輔導機構輔導就業。」
《毒品危害防制條例》第 24 條：「（I）第二十條第一項及第二十三條第二項之程序，於檢察官先依刑事訴訟法第二百五十三條之一第一項、第二百五十三條之二第一項第四款至第六款或第八款規定，為附條件之緩起訴處分時，或於少年法院（地方法院少年法庭）認以依少年事件處理法程序處理為適當時，不適用之。（II）前項緩起訴處分，經撤銷者，檢察官應繼續偵查或起訴。（III）檢察官依刑事訴訟法第二百五十三條之二第一項第六款規定為緩起訴處分前，應徵詢醫療機構之意見；必要時，並得徵詢其他相關機關（構）之意見。（IV）刑事訴訟法第二百五十三條之二第一項第六款規定之緩起訴處分，其適用戒癮治療之種類、實施對象、內容、方式、執行醫療機構或其他機構與其他相關事項之辦法及完成戒癮治療之認定標準，由行政院定之。」

毒品或團購毒品，並不代表法官就會就此認定成立幫助施用毒品罪，仍然有很高的機率會被認定爲販賣毒品罪。

　　詳細來說，由於如何適用這三項條文涉及當事人主觀意思，而主觀意思又難以判斷，不免可能讓幫助施用毒品者因小失大，招致販賣毒品罪。判決的邏輯通常是：「苟非確實有利可圖，自無甘冒重刑之風險。」如果當事人這時候有曖昧的對話，或者長期施用毒品而有複雜的交友網絡，不僅可能因此遭羈押，更可能以販賣毒品罪之嚴懲重罰定罪，不可不慎。

（三）值得注意的販賣毒品未遂罪

　　讀者可能在前述條文介紹時就已經察覺了，販賣毒品罪有處罰未遂而被稱爲「販賣毒品未遂罪」，那這個行爲樣態要如何與「意圖販賣而持有」區分？二者實在非常相像。對此，最高法院已經有明確的表示：[19]

1. 如果先購買毒品之後才來尋找買家，以「聯繫特定買方，或不特定買方行銷時」，構成販賣毒品未遂罪，在此之前則爲意圖販賣而持有罪。

2. 如果先受特定買方要約，或已先向不特定買方行銷之後才進貨購買毒品，則以「購入時」認定販賣毒品未遂罪，在此之前爲意圖販賣而持有罪。

　　在這樣的區分之中，「特定買方的聯繫或要約」其實並不難理解，在此想要特別提醒的是「向不特定買方行銷」的定義。舉凡宣傳、廣告、招攬買主，法院都認爲符合這項定義，例如：在 LINE 群組發布銷售毒品的訊息就

---

[19] 最高法院刑事大法庭 109 年度台上大字第 4861 號裁定：「行爲人意圖營利而購入毒品，其主觀上雖認知係爲銷售營利，客觀上並有購入毒品之行爲，惟仍須對外銷售，始爲販賣行爲之具體實現……對不特定人或特定多數人行銷，進行宣傳、廣告，以招攬買主之情形（例如在網路上或通訊軟體『LINE』群組，發布銷售毒品之訊息以求售），因銷售毒品之型態日新月異，尤以現今網際網路發達，透過電子媒體或網路方式宣傳販毒之訊息，使毒品之散布更爲迅速，依一般社會通念，其惡性已對於販賣毒品罪所要保護整體國民身心健康之法益，形成直接危險，固得認開始實行足以與販賣毒品罪構成要件之實現具有必要關聯性之行爲，已達著手販賣階段；……」

會被認定是「向不特定買方行銷」。這個處罰範圍相當廣泛，不要以為隨口說說就沒事，如果加以相關事證就可能構成販賣毒品未遂罪，這部分須特別注意。

《毒品危害防制條例》的江湖傳言與釋疑

1. 問：用物理方式將不同種類做成咖啡包，不會成立製造毒品罪？

   答：錯，仍然有可能成立製造毒品罪。

2. 問：只要是零星夾帶或短途持送毒品，只構成持有毒品罪？

   答：錯，還必須判斷主觀上有無運輸意思或販賣意圖，而這不容易確認。

3. 問：知道別人在賣毒品，只是幫忙跑腿送毒品，只構成幫助販賣毒品罪？

   答：錯，仍然可能構成販賣毒品罪的正犯，不要以為跑腿就是幫助犯而已。

4. 問：施用毒品只要上課或罰錢就了事了？

   答：錯，只限於成年人施用第三級或第四級毒品，其他情況並不適用。

5. 問：幫助施用毒品罪的抗辯無往不利？

   答：錯，仍然可能構成轉讓毒品罪，甚至是販賣毒品罪。

6. 問：在 LINE 發布銷售毒品的訊息只是嘴砲，不會有責任的？

   答：錯，如果已購買毒品或發布消息後購買毒品，可能構成販賣毒品未遂罪。

三、法條之外的世界

　　學生觸法，有時源於對法律不甚了解。如果是這個情況，教師們的知識補給便相當重要。有時則是基於種種因素，驅使學生「知其不可為而為之」，這便需要教師們花更多時間與精力，透過同理與傾聽，取得學生信任，讓學生願意帶著我們走進他／她的故事，理解他／她的艱難與需求——不管是出自於經濟還是人際網絡。提供知識、陪伴與理解，都相當重要。如果學生投身販毒或運毒的原因沒有被理解，也就很難光憑著法條解釋就讓他／她放下艱難與需求。舉凡社會資源連結、人際網絡建構、家庭關係支持、自我成就實現，都是教師們在理解這些艱難與需求後，可以持續為此往前的方向。

　　有時候學生會表現得令人同情，有時候也會說「賣毒很賺，可以開名車」而表現得令人不以為然。不過，如果進一步理解行為背後的成因，將會看到截然不同的風景，甚至反過來回顧自己的經歷，重新思考這些「法條以外」的人生意義。對於有些少年來說，運毒與販毒的工作既不用綁時間、工作輕鬆，又被別人重視與需要，而嚴懲重罰又距離此刻如此遙遠。學生建構的世界如此不同，那些法條以外的世界才是真正的世界，而這段理解的旅程需要更多的沉澱、同理與等待。

單元三

提報特定人員名冊的規定

林俊儒

　　為防制毒品進入校園，學校會透過尿液篩檢發現藥物濫用的學生，之後交由春暉小組輔導。然而，到底誰會被篩檢？又是透過何種程序啟動篩檢？會不會破壞師生的信任關係？如果引發家長抱怨該如何是好？學校在處理圍繞著法定篩檢義務所衍生的議題時，又有什麼應該要注意的事情呢？

一、為何提報特定人員名冊？

　　「提報特定人員名冊」相關規定來自《各級學校特定人員尿液篩檢及輔導作業要點》（簡稱《要點》）。該《要點》目的在於防制毒品進入校園，因此設有篩檢及輔導機制。如果用簡化方式理解，即藉由法律明定施用毒品的高風險對象，或透過教師觀察可能施用毒品的對象，以定時或不定時採驗防制毒品進入校園。

　　這套法律背後的預設在於：「篩檢能讓學生不敢使用藥物」，帶有威嚇的意味。在這裡，讀者可能會想要追問：這套法律如何威嚇？又決定了誰是高風險對象？教師又是透過何種觀察標準認定特定對象有施用毒品的嫌疑？這些過程會不會複製刻板印象？這個刻板印象及對應程序是否會對於校園及學生帶來傷害？如果繼續追問下去，可能還會問：「威嚇」之外，還能做什

麼？

「提報特定人員名冊」規定植基於風險控制，透過法規對於特定群體、行為樣態或事項的描述，來控制風險。也因為觀察終究源於主觀，不免影響到風險預測的準確性，以及風險控制的效果。比方說，觀察者誤解施用特定物質所生效果、弱勢學生較有可能被劃定為高風險群體、執行名冊登載過程不慎導致資料外洩。如果再接著去想，依法提報特定人員名冊之後，對於學生尿檢的要求也可能強化教師偏見，或者讓學生感到難堪而不利於信任關係的建立。

如果用這個角度檢視提報特定人員名冊的規定，或許可以試著將重點放在**如何避免提報特定人員名冊過程導致更多的誤解與猜忌，以避免傷害信任關係**。在此同時，也可以藉由充分的解釋緩解學生及家長的情緒，並且說明提報特定人員名冊及篩檢只是一種介入方式，並不代表這個系統對於學生的敵意。希望能夠藉由正向處理來面對學生的用藥議題，並藉此契機導入相關資源。用這種較為正向方式看待特定人員名冊，也不失為現行制度之下的實踐方向。

在進入細節的程序介紹之前，把這些較為複雜的根本問題拋出來，是想邀請讀者一同思考如何理解特定人員名冊的規定。這裡的說法並不是標準答案，而是希望呈現造冊列管高風險對象規定本身的限制，以及這個限制可能對於校園帶來的影響。如果運用特定人員名冊者理解制度本身的限制，並對於這個制度保持著較為謹慎的態度，我們認為這將有利於後續程序的合理運用。

二、提報特定人員名冊的規定

以下關於「提報特定人員名冊」的程序規定主要來自《要點》，併可參照《特定人員尿液採驗辦法》，《毒品危害防制條例》第 33 條則為其法源

依據。為方便掌握，在此謹就「對象」、「流程」、「效果」、「結果」四面向逐項說明運用上述規範可能出現的疑問。

（學校全衛）特定人員名冊								
特定人員類別	一、曾有違反毒品危害防制條例行為之各級學校學生（含自動請求治療者）。 二、各級學校休學、中輟或中途離校後申請復學之學生，有事實足認有施用毒品嫌疑者。 三、有事實足認為有施用毒品嫌疑之各級學校學生。 四、前三目以外之未成年學生，各級學校認為有必要實施尿液檢驗，並取得其法定代理人或實際照顧者同意者。 五、各級學校編制內校車駕駛人員。							
編號	班級	學號	姓名	性別	身分證字號	特定人員類別	審查結果	備考
1								
2								
3								
4								
5								

（一）對象

　　哪些人是這部法律所認定的「高風險對象」呢？又是透過什麼樣的觀察標準進行認定的呢？依規定共有下列五種類別，分別是：

1. 曾有違反《毒品危害防制條例》行為之各級學校學生（含自動請求治療者）

　　違反《毒品危害防制條例》不限於施用毒品，販賣、製造、運輸及持有毒品等都包含在內。又《毒品危害防制條例》原本就設有「自動請求治療」的獎勵規定，在尚未被發現施用毒品前自動請求治療可以不用送至法院或檢察署，意在創造協助施用毒品者尋求協助的誘因。然而，《要點》卻將這類人納入名冊對象，明顯是基於風險控管，這部分的政策合理性仍有待商榷。不過，這終究是現行法律的規定。

2. 各級學校休學、中輟或中途離校後申請復學之學生，有事實足認有施用毒品嫌疑者

　　《要點》認為休學、中輟或中途離校申請復學的學生風險較高，該推論是否合理有待商榷。不管如何，**即便是休學、中輟或中途離校申請復學的學生，也仍然需要符合「有事實足認有施用毒品嫌疑」**。依照條文結構，合併下一項觀察，**此項目的判斷不當然以「特定人員評估參考原則」為基礎，也包含其他判斷標準**。不過，法律並沒有明確規定這個標準為何？什麼才算是「有事實足認有施用毒品嫌疑者」？因此，實務操作仍然多半以「特定人員評估參考原則」為主要的判斷依據。

3. 有事實足認為有施用毒品嫌疑之各級學校學生（請參考特定人員評估參考原則）

　　此項特別要求參考「特定人員評估參考原則」作為判斷「是否有施用毒品嫌疑」的標準。這個標準以「**行為樣態**」及「**家庭狀況**」為區分，並特別註明「**原則說明**」：

(1) 行為樣態：①曾遭查獲進出不當場所者；②經常深夜逗留不當場所或深夜在外遊蕩者；③長期缺曠或無原因經常缺曠課三日以上者；④與濫用藥物人員交往密切者；⑤發現攜帶不明粉末、藥丸、疑似吸食用具到校

者；⑥有吸菸（或施用電子煙）、喝酒、吃檳榔習慣者；⑦參加不良組織或不良藝陣活動者；⑧經常性蹺家者；⑨常在校內、外糾眾鬧事或圍事、不服管教者；⑩金錢使用習慣劇變者；⑪校外交友複雜者；⑫經「濫用藥物（毒品使用）篩檢量表」篩檢出高風險者。

(2) 家庭狀況：①法定代理人或實際照顧者有藥（毒）癮；②兄弟姊妹或其他家庭成員有藥（毒）癮；③家庭成員關係紊亂、功能不佳、衝突、疏離、支持系統變化或薄弱，家庭關係需要接受協助；④家庭成員有不利處境需要接受協助。

(3) 原則說明：①本原則係協助學校提列特定人員參考，勿僅以單一行為或事項作為提列之考量依據；②學校提列特定人員除參考本原則外，應依學生性格成長環境、經常往來對象、參與團體、出入場所、生活作息、家庭功能、就學或就業等情形進行綜合評估；並透過關懷及輔導等作為，協助學生改善相關行為或提供必要之協助。

　　另一項判斷標準來自於教育部國民及學前教育署訂定的「高級中等以下學校學生生活狀況風險觀察表」（參見本單元附件一），同樣屬於輔助性質。就六大風險類型「家庭背景」、「身心健康」、「行為觀察」、「同儕關係」、「社區環境」、「其他事實觀察樣態」判斷，觀察者也須留意前述問題。

　　讀者可以參考第二篇單元一之介紹輔以觀察。同時，也提醒在做任何判斷之前，還是要回頭問自己：判斷基礎從何而來？是否合理？會不會是源自於錯誤的假設或刻板印象？

4. 前三種以外之未成年學生，各級學校認為有必要實施尿液檢驗，並取得其法定代理人或實際照顧者同意者

　　這部分的適用對象就不限於《要點》所提到的高風險對象，而是委諸學校判斷該名學生有無實施尿液檢驗之必要。值得注意的是，這裡並不是學

校認為「有必要」就可以實施，還必須「取得其法定代理人或實際照顧者同意」，方可為之。換句話說，如果法定代理人或實際照顧者不同意，是不能將之列入特定人員名冊或者實施尿液檢驗，這點請特別留意。

5.各級學校編制內校車駕駛人員

這部分主要是擔心校園編制內校車駕駛有施用毒品駕駛車輛的行為而影響師生公共安全，因此將駕駛納入尿液檢驗對象。

（二）流程

依法提報特定人員名冊的流程有兩個重要的時點，通常是「開學日起三週內提列」，但同時也留有「學期中提列」的空間。具體來講，學校開學日起三週內，經由導師、校內任課教師、專業輔導人員或職員工觀察後，或由學生之法定代理人或實際照顧者主動反映，歸類於特定人員類別提報特定人員名冊，交由相關業務承辦人或指定專人彙整，並召開會議審查，經審查後之特定人員名冊應簽請校長核定，這是通常的運作流程。然而，如果是學期中發現學生施用或持有不明藥物，或觀察生理或生活狀態，認有可疑為施用或持有毒品之情形，亦得簽請校長核定納入特定人員名冊。

各地實際操作會有若干調整。就 110 學年度實務經驗觀之，校方多半會要求教師在每月 1 日前填報「藥物濫用防制暨維護校園安全」報表，並在月底前填報「藥物濫用學生個案輔導追蹤管理系統」（系統通常於每月 5 日關閉前月份資料）。如果該校有特定人員，每月會調整名冊並陳報校長核准；如果該校無特定人員，每年 2 月至 3 月間、9 月至 10 月間系統即彈出詢問「貴校是否有特定人員」。

依照《要點》之附件三「各級學校特定人員尿液採驗注意事項」規定，在前置作業階段，經校內人員編組後規劃實施動線，並準備相關器材（包括免洗杯、封籤及試劑等）。實際實施尿篩階段，監管人員往往會陪同在側，此時應顧及學生隱私，採取單獨方式受測並恪守保密原則，必要時可由受檢

驗人指定監管人員的性別。有正當理由時亦得另定日期採驗，詳細做法可以參照本單元附件二。

（三）效果

「列入特定人員名冊」會造成什麼法律效果呢？直覺反應想必就是「尿液檢驗」，《要點》稱它為「不定期檢驗」。依規定，檢驗通常安排在開學或假期後，因為法律假設這段期間是用藥高峰期。當然，這也不排除學期間的檢驗。

另一個效果則較為特別，一旦依法提報為特定人員名冊，當受檢人拒絕尿液採驗時，依照《特定人員尿液採驗辦法》第7條第1項，作為主管機關的學校得依職權為適當措施。如果採取適當措施之後，仍然沒有效果，必要時可以拘束身體的方式進行尿液檢驗，但要注意受檢人之名譽及身體。此外，《特定人員尿液採驗辦法》第7條第2項規定，對於拘束兒童或少年身體採驗尿液時，須通知其法定代理人。

（四）結果

尿液檢驗的結果不外乎「陰性」或「陽性」，如果是陰性則持續列入名冊觀察；如果是陽性則會進行後續的校安通報及兒少保通報。關於校安通報及兒少保通報部分，可以參見本書第三篇單元三、單元四，在此就不贅述。

值得注意的是，如果對於尿液檢驗結果有疑義，學生仍然可以要求複驗。由於學校使用的尿液篩檢工具有其限制，並不是所有毒品種類都可以檢驗出來，且其檢驗結果也可能受到採驗過程或鑑識過程污染，呈現與事實不符（如偽陽性）的情況。建議在實施尿液檢測之前，可以先向學生及家長說明救濟權益；當學生對於尿液檢驗結果表示疑問時，亦協助其進行相關救濟以為確認。依照《要點》規定，受檢驗人、法定代理人或實際照顧者對於尿液檢體之確認檢驗結果有疑義時，得於接到報告後七日內，敘明原因請求送驗學校複驗。

【附件一】

「高級中等以下學校學生生活狀況風險觀察表」

檢核日期：＿＿＿＿年＿＿＿月＿＿＿日　　　填表人職稱／姓名＿＿＿＿＿＿＿

一、學生基本資料

□日校　□進修部（進校或補校）科別：＿＿＿　　就讀班級：　　年　　班

性別：□男□女　　　學生姓名：＿＿＿＿＿＿＿＿＿

二、教育人員填寫表參考來源：

□老師觀察□家人主動提出□同儕反映□學生本人主動告知□其他＿＿＿＿＿

三、填表說明

（一）本表供學校輔導與管教學生之教育人員（包括導師、專任老師、兼任教師、代理教師、代課教師、教官、學校行政人員）及學務創新人員與護理師等使用。

（二）本表係為輔助性工具，旨在協助教育人員對於學生生活狀況風險進行簡易觀察，目的是期望及早覺察疑似藥物濫用高風險學生；另在使用上建議由填表人根據平日與學生相處狀況選擇填寫，本表分為六大風險類型「家庭背景」、「身心健康」、「行為觀察」、「同儕關係」、「社區環境」及「其他事實觀察樣態」設計，請依據您對學生的了解，在空格中打勾後，請將表件送交由學務處相關業務承辦人（或指定專人）彙整。

（三）本觀察表係協助學校提列特定人員參考，勿僅以單一風險指標做為提列之考量依據。填表人若是對學生是否有疑似藥物濫用之疑慮，可進一步依據教育部訂定之「各級學校特定人員尿液篩檢及輔導作業要點」之特定人員事實認定觀察建議原則，啟動特定人員輔導機制。

風險類型	風險指標內容
家庭背景	□家庭關係複雜。
	□家庭功能不彰或支持系統薄弱。
	□家庭經濟困頓。
	□家人、親人或主要照顧者有藥（毒）癮。
身心健康	□幼年時期曾遭受心理創傷。
	□常疲憊、易分心、坐不住、發呆或無聊感偏高。
	□持續負面情緒狀態。
	□喜歡感官刺激追尋。
	□常易精神亢奮。
行為觀察	□早期且持續反社會行為。
	□出現自我傷害或自殺行為。
	□長時間使用 3C 產品或遊戲，影響學習狀況。
	□常翹課、常翹家或經常性缺曠課。
	□常在校內、外糾眾鬧事或圍事、不服管教者。
同儕關係	□人際互動不佳或易與人衝突。
	□同儕間疑似曾有擔任「車手」違法行為，且有邀約行為。
	□交友複雜或疑似與藥物濫用同儕來往密切。
	□頻繁社交活動或常出入場所複雜。
	□參加不良組織或不良藝陣活動者。
社區環境	□社區環境複雜（如八大行業場所）。
	□居住社區附近（如宮廟、撞球場、修車場等）常有不良份子聚集處。
其他事實觀察樣態	□金錢使用習慣劇變者。
	□有吸菸（或施用電子煙）、酗酒、吃檳榔習慣者。
	□學業成就突然低落、退步。
	□發現攜帶、施用或持有不明粉末、藥丸、疑似吸食用具到校者。

【附件二】

各級學校特定人員尿液採驗注意事項

一、前置作業階段：

（一）編組：以生教（輔）組長為主要成員，並依學校實際情形編組相關人員，必要時得協請直轄市、縣（市）校外會人員支援，編組人數得依實際採驗狀況適時調整。

（二）動線規劃：應指定適當、隱密性高之廁所實施尿液採集檢驗。

（三）器材整備：

　　1. 學校應自備免洗杯、封籤、標籤紙、簽字筆、藍色清潔劑（或其他替代染劑，如藍、黑色墨水）及飲用水。

　　2. 集尿瓶、快速檢驗試劑及標籤紙得向直轄市、縣（市）校外會提出申請；或自行採購快速檢驗試劑。

　　3. 監管紀錄表及尿液採驗名冊請逕自直轄市、縣（市）政府教育局（處）或校外會網頁下載。

（四）為防止尿液檢體於盥洗室被稀釋，盥洗室馬桶水槽應加入藍色清潔劑或有色液體。

二、實施尿篩階段：

（一）對受檢人員實施尿篩之合法性（法規）說明，監管人員應與受檢人員同一性別，並應盡量顧及受檢人員之隱私，採單獨方式並恪遵保密原則。惟必要時得由受檢人指定監管人員性別。

（二）講解收集尿液方法：

　　1. 將尿液檢體排於免洗杯內，尿量約杯子 5 至 8 分滿。

　　2. 受檢人員若如無尿意，可提供飲水（每半小時 250 ml），可提供 3 次，提供總水量以 750 ml 為限。

（三）監管人員於採集尿液前應請受檢人員將身上足以夾藏、攪假之物品取出放置在外，但可保留個人隨身之錢包，並全程監管採集過程，確保

程序正常運作。

（四）尿液檢體採集後，監管人員應立即檢視尿液檢體之溫度、顏色及是
否有浮懸物存在，發現有任何不尋常時，應記錄於檢體監管紀錄表
之重要特殊跡象欄內。必要時，採集之尿液可立即量測溫度（4分鐘
內），若超出攝氏32度至38度範圍，即有擾假之可能，受檢人員應
於監管人員監看下，於同地點儘快重新採尿，兩瓶尿液檢體應同時送
驗。

（五）實施快速檢驗試劑時，應於受檢人員面前實施，受檢人員及學輔人員
共同檢視結果，若判定為陽性反應，則須將受檢尿液送交檢驗機構進
行確認檢驗。

（六）受檢人員拒絕接受尿液檢驗時，主管機關得依特定人員尿液採驗辦法
為必要之措施；學輔人員得依兒權法相關規定通知學生法定代理人或
實際照顧者、校外會、警察機關協助執行尿液篩檢，惟強制採驗不得
逾必要之程度，並應注意受檢人員之名譽及身體（避免肢體接觸、吼
叫、言詞威脅、恫嚇等）；但有正當理由，並經監管人員同意者，得
另定日期採驗。

（七）送驗之尿液檢體，學校採尿人員應檢視檢體編號與特定人員名冊編號
是否一致；如無法即時送達校外會，應先冰存冷藏（低於攝氏6度）
或冷凍處理，並儘速於2天內送檢驗機構。

第三篇

校園處理學生確實用藥的制度空間

三軌流程概觀及其工作方向

林俊儒

得知學生確實用藥之後（這也包括施用毒品且有販賣販毒等行爲者），將開啓不同專業協作且規定相對複雜的法定流程。爲了能夠見樹又見林，先在此單元鳥瞰整體的流程規範，並指出教育人員可能的工作方向，以利掌握其梗概，並得以從中形塑具體的策略。

一、用藥兒少三軌流程的說明

在此先歸納並分類學生確實用藥後的流程，且說明各項流程定性及其梗概。對於特定流程的詳細說明及其涉及的爭議，則請見本篇後續各單元。

（一）三軌運作的基本定性

現行臺灣校園處理用藥兒少議題，可以概分爲三軌：「校安通報」、「兒少保通報」、「司法程序」，分別對應至教育系統、社政系統及司法系統，彼此協力合作。以下逐項說明各流程的基本定性。

1. 校安通報

「校安通報」法源依據爲《各級學校特定人員尿液篩檢及輔導作業要點》，依照該要點第 2 點規定，其目的在於「爲防制毒品及其他有害身心

健康物質進入校園，透過各級學校特定人員尿液篩檢，即時發現濫用藥物學生，並成立『春暉小組』施予輔導，協助脫離毒品危害，營造健康、清新及友善之校園環境」。使得校安通報在確保兒少身心健康之外，肩負起防制毒品進入校園的責任。也因為這個雙重目的，讓完成校安通報之後的春暉專案同時具有「個案輔導」與「毒品防制」的內涵。值得注意的是，由於校園是教育單位，既非醫療單位，也非檢警單位，如何在個案輔導與毒品防制之間提供合適的處遇，將是具體運作上的重要課題。舉例而言，維護社會治安並不是教育工作者的任務，執行毒品查緝也非教育系統的職責，而應將重心放在提供少年支援，並從中維護校園師生的安全。

2.兒少保通報

　　「兒少保通報」法源依據在《兒童及少年福利與權益保障法》，依照該法第 1 條規定，其目的在於「為促進兒童及少年身心健全發展，保障其權益，增進其福利」，並依照同法第 53 條第 1 項，如果教育人員及其他法定人員（包括警察、醫事人員及社會工作人員等）知悉未滿 12 歲之兒童以及 12 歲以上未滿 18 歲之少年施用毒品、非法施用管制藥品或其他有害身心健康之物質有其通報義務。此規定與「校安通報」兼有毒品防制內涵的定性不同，並不關注校園毒品流通的控制，而是以促進兒童及少年身心健全成長為主要目的。

3.司法程序

　　相較於「校安通報」及「兒少保通報」的行政程序性質，《少年事件處理法》被歸類為司法程序；這裡的司法程序原則上不適用《刑事訴訟法》，而是適用特別為少年所設的《少年事件處理法》。就其目的，乃依照《少年事件處理法》第 1 條規定：「為保障少年健全之自我成長，調整其成長環境，並矯治其性格，特制定本法。」換句話說，少年司法並不以「責任」與「懲罰」為基礎，而是考量少年健全成長需求提供調整環境及保護，設有不

同的處遇服務。

（二）三軌運作的流程鳥瞰

在進入後續單元的各項程序描述之前，在此先鳥瞰「校安通報」、「兒少保通報」、「司法程序」的流程梗概，以掌握其運作的流程圖像。

1. 校安通報

在線上通報「教育部校園安全暨災害防救通報處理中心」之後，校園即應迅速組成「春暉小組」，並進行跨處室的輔導分工、制定輔導計畫。在輔導過程，除了隨機快篩檢驗尿液，也將透過記錄輔導過程，與不同小組成員、不同系統人員共同協作。在這個爲期三個月的輔導過程之中，春暉小組將進行預防教育、諮詢輔導、法治教育及衛生教育的工作，並在輔導期滿後以驗尿方式確認是否呈現陰性反應，做成是否結案的決定。如果最後驗尿結果呈現陽性反應，則將續行輔導一次，並協請法定代理人或實際照顧者將學生轉介至醫療院所治療，如果學生未成年或施用第一級或第二級毒品，得函請毒品危害防制中心協助輔導。如輔導仍爲無效或法定代理人或實際照顧者拒絕送醫治療，學校得洽請警察機關處理。

2. 兒少保通報

在線上通報「社會安全網」之後，收受通報者即會在二十四小時之內依照分級分類及處理相關辦法進行分類。如果僅涉及施用毒品、非法施用管制藥品或其他有害身心健康之物質而未涉及其他兒少保通報事由，通常被歸類於第二級案件，並依法在分級分類後三十天內完成初篩及訪視評估的調查報告。接著各地方政府將根據此調查報告結果，依照其標準判斷是否開案，並提供相應處遇服務。換句話說，從通報到實際服務社工掌握情況，多半已經過了一個月。在這個階段，社工會撰寫處遇計畫表及兒少工作紀錄表，提供個案會談（評估、擬定處遇作爲）、藥物濫用風險評估與連結適當戒癮治療

的服務；通常會有六個月的輔導，如該期間未再施用毒品即予結案。不過，這只是普遍經驗，並非當然如此，結案標準各地有別，也要考量就學就業、家庭關係、生活穩定、社區風險因子等情況綜合判斷。

3.司法程序

依照少年施用毒品種類區分程序適用，分為「第一級、第二級毒品」與「第三級、第四級毒品」，均屬於《少年事件處理法》的「少年保護事件」。針對前者，雖然法律上可以適用觀察勒戒，但考量到進入戒治所對於少年影響過大，一般來說仍會優先適用包括訓誡並予以假日生活輔導、保護管束、安置輔導、感化教育在內的保護處分；針對後者，在 2023 年 7 月之後，即直接交由各直轄市、縣市少年輔導委員會，只有在少年輔導委員會評估有必要時方請求少年法院處理。

另一方面，如果少年涉犯包括販賣毒品罪在內的最輕本刑五年以上重罪，或者事件繫屬後已經滿 20 歲者，則被歸類為「少年刑事事件」，依照《少年事件處理法》第 27 條第 1 項屬於「絕對移送案件」，應逕以裁定移送有管轄權之檢察署檢察官。又《少年事件處理法》第 27 條第 2 項則為「相對移送事件」，經少年法院調查認為犯罪情節重大，評估少年受刑事處分為適當者，亦得移送給檢察官追究刑事責任。這時候可能獲得緩刑，也可能判刑進入矯正學校執行。

在少年涉毒的司法程序中，施用「第三級、第四級毒品」而未請求少年法院處理的少年，會全權交由少年輔導委員會處理；其餘少年保護事件及少年刑事事件，均設有少年調查官進行審前調查，並在審前調查之後進入開庭審理。在確認司法程序的審理結果之後，少年將受到特定處遇或判刑，並由少年保護官協助執行。具體來說，少年保護官主責假日生活輔導和保護管束；安置輔導則會和安置機構共同擬定執行、感化教育由矯正學校執行，而少年保護官則立於輔助之地位。

二、教育人員工作方向的建議

從上述定性區分看來，「校安通報」、「兒少保通報」及「司法程序」可以被理解爲由教育人員、社政人員、司法人員主責，三者會在不同程序階段分工合作。這裡分爲三軌只是便於讀者理解，並非截然區分，彼此之間仍有不少程序交錯與合作的空間。然而，由於現行法規密度不如《性別平等教育法》明確，具體運作及其形成空間相對來得自由許多。換句話說，在掌握既有基礎規範之上，教育人員仍然有不少可以發揮的地方。在此以三軌流程爲基礎，提供教育人員工作方向的若干建議，具體案例及規範仍請見本篇後續相關單元。

（一）以兒少健全成長爲核心

《兒童權利公約》（*The Convention on the Rights of Children*）第 33 條規定：「締約國應採取所有適當措施，包括立法、行政、社會與教育措施，保護兒童不致非法使用有關國際條約所訂定之麻醉藥品及精神藥物，並防止利用兒童從事非法製造及販運此類藥物。」對此，我國以《各級學校特定人員尿液篩檢及輔導作業要點》、《兒童及少年福利與權益保障法》與《少年事件處理法》共同建構用藥兒少之法規網絡，並可以從後二部法律規定得知，其立法目的在於保障兒童權益及少年健全成長。因此，執行業務的教育人員依法應以「兒少健全成長」爲工作的核心要旨，留心提供處遇或協助處遇時的具體服務內容，並儘量避免讓法律程序反過來造成兒童及少年更多的傷害。

1. 兒少健全成長的內涵

雖然《兒童及少年福利與權益保障法》與《少年事件處理法》都不同程度地提及「兒少健全成長」的概念，但限於法規體系及具體運作，要描述兒少健全成長內涵並不是這麼地容易。如果以簡化的方式理解，至少可以掌握

其精髓在於：**健全成長是希望能讓兒童及少年「好好地成長」，而不是「不再犯罪」而已。**如果要追求「好好地成長」，就必須保障兒少權益並解決兒少所面臨的困境，且讓兒少特質能夠有所啓發與發展。從此內涵闡釋而來的重要提醒則是：**「處遇不能以治安管理爲主要考量，而應該回到兒少健全成長的意旨具體落實。」**這會是接下來各項具體任務的核心要旨。

2. 避免程序成爲傷害來源

　　了解整個流程是教師不可迴避的重要任務，因爲在即將通報或甫通報階段，學生對於程序不僅不熟悉，且徬徨不安。這時候，教師有責任對於多管齊下的不同程序有所掌握（包括校安通報、兒少保通報以及司法程序），並能清楚地告知學生接下來的流程發展，而這往往也是建立信任關係的關鍵。

　　在此同時，亦須留意不能讓程序反而成爲傷害的來源。隨著程序的發展，教育人員有不少接觸兒少個案資訊的機會，如何在處理過程中確保兒少隱私權益是重要的課題。另外，由於校園用藥議題存在多重機制與單位（包括生教及輔導單位、社工以及司法程序），導致學生往往必須重述經驗（無論是施用毒品事發經過，或圍繞施用毒品而來的關聯性議題，包括校園與家庭狀況等）。如何避免重述造成的傷害並有效提供協助，教育人員也須謹慎處理。

3. 兒少基本權利之告知與說明

　　教育人員有必要讓學生了解不同程序的服務定位及其能夠發揮的位置。在校安通報及司法程序，可能會與警方聯繫、合作以了解毒品流通情形，而學生可以在充分知悉法律權利之下選擇保持緘默或提供資訊。在兒少保通報，學生不只是整個處遇服務的接受者，同時也具有相當的能動性，可以自由選擇是否接受該項處遇服務；既可以選擇拒絕服務的提供，也可以主動積極參與，是處於主動運用資源的角色。此類服務定位及基本權利義務，都有必要讓兒少清楚地知悉。

（二）釐清個案用藥之情況與背景

　　校安通報、兒少保通報及司法程序固然會以不同切入角度觀察案件，面臨的情況有所不同，並有著不同的目標與服務內容，不過，若回到案件本身，其仍然會呈現個案用藥的基本特徵。這不僅將連結特定流程的進行程序，也會影響教育人員以何種方式介入，以及可能可以納入考慮的事項。

1. 所涉罪名

　　首先可以確認案件所涉及的法定流程及其合作窗口。對於 12 歲以上、未滿 18 歲者涉犯施用毒品罪者，要先區分是施用幾級毒品。如果是第一級、第二級毒品會進入少年司法程序，你可以與該案少年調查保護官聯繫；如果是第三級、第四級毒品則會進入少年輔導委員會，則可以與少年輔導員或委派社工聯繫。

　　如果涉犯包含販賣毒品罪在內的最輕本刑五年以上重罪，司法程序會因為檢察官介入更為複雜，而為釐清事實會有較多次的開庭，這部分可以聯繫少年調查保護官確認。在此同時，校安通報也會因為涉及販賣毒品更為謹慎，以避免毒品擴散與流通。此時，因應學生配合警方調查、到法院開庭或是收容於少年觀護所的具體需求，教育人員會相應地有了解學生課務、協助辦理請假在內的任務，且應隨著司法調查程序的進展，注意學生的身心狀況與權益。

2. 通報來源

　　再來，可以觀察通報來源從何而來？是兒少向教師自我坦承？還是校園驗尿呈現陽性反應？遭查獲或其他網絡（包括社會局或衛生局）通知？通報來源是進入後續程序的入口，涉及事實的初步釐清。這裡不只討論施用毒品事實成立與否，而是包括在哪裡用藥、從何人取得藥物、透過什麼機制發現、是否涉及其他犯罪等問題。如此一來，將會對於案件事實有所釐清並形塑輪廓。此外，這也涉及學生與教育人員之間的關係，若是教育人員接受

學生自我坦承，而非被動遭查獲而通知者，代表師生關係應較爲緊密。這時候，教師可能對於維護信任關係有較多顧慮，但仍請務必仔細說明，讓學生理解通報責任。

3. 背景環境

教育人員對於學生的校園生活（到課、學習和交友情況）及家庭背景（家庭經濟狀況和互動關係）通常有較高程度的了解，這些資訊將導引醫療、社工、司法工作者進入學生的世界，因應背景環境提供適當處遇，協助釐清問題。

透過了解學生施用毒品的環境（如是否與同儕施用或處於何種場合）、面臨的生命處境（如校園霸凌、自殺情緒和家庭環境背景），甚至學生對於通報程序的擔心與理解（如擔心通報之後會遭到家長責難、同學異樣眼光和相關裁罰），將有助於通報程序的順利進行（如作爲兒少保通報之後調查報告的意見形塑來源，並成爲具體處遇執行之方向以實際協助兒少）。此後，這也可以作爲適當司法處遇與對待決定的基礎（如少年調查保護官在執行調查及保護性處分，或變動原處分時的重要判斷依據）。

（三）教育人員的義務及安全的確保

教育人員的行動策略，須體察其所處之角色位置，並在符合專業倫理要求之上充分揭露其工作範疇與能力限制。在此同時，也要考量具體風險及法律規定做成適切判斷，方能在確保兒少健全成長權益的同時，保障教育人員的權益。

1. 告知義務

教育人員在處理校園用藥議題固然以兒少健全成長爲中心，但也必須認識到工作範疇及能力的限制，並清楚告知學生其願意提供協助，以及其並非萬能。以下是幾個常見的限制，可以考慮以適當方式告知學生。

　　首先，由於校安通報、兒少保通報、司法程序爲法律規定，教育人員並沒有辦法撼動。教育人員固然能夠在特定程序中扮演重要角色，但在該名學生符合法定通報要件下，教師依法即具通報義務，無法因爲兒少要求而迴避。此外，教育人員能在司法程序扮演積極角色，提供學生在校學習表現及出缺勤紀錄供少年法院做成合適的處遇決定，但教師也不能配合僞造證據或更動最終的判決。

　　其次，因爲處理校園用藥議題存在多重機制，不僅各程序追求目的不相同，不同執行人員亦有其考量，包括班級導師、輔導教師、生教教師、教官、社工，乃至於少年調查保護官、少年法庭法官。程序是由不同單位的不同角色共同建構，並非單一教師能夠決定。教育人員能夠積極串聯或透過個案工作會議來匯集不同單位及角色的意見、協助做成最適合學生的決策。不過，教育人員沒辦法在不同單位與角色加入之下對於少年將受到特定結果打包票。

2. 通報與保密義務

　　作爲教育人員，受到《兒童及少年福利與權益保障法》、《教師法》等規範約束，對於校園用藥議題有法定責任，在處理程序也有其應行注意事項，這些都可以算是教育人員面臨的法律風險。例如：《兒童及少年福利與權益保障法》第 53 條第 1 項、第 100 條對於「未通報」設有罰鍰。又倘若教育人員「僞造、變造或湮滅他人所犯校園毒品危害事件之證據，經學校或有關機關查證屬實」，則可能遭到解聘，此可參照《教師法》第 14 條第 9 款。在處理程序時，要注意《兒童及少年福利與權益保障法》第 66 條及第 69 條分別規定職務上知悉秘密或隱私及其製作或持有文書應予保密、不得揭露足以識別兒少身分之資訊。又如果不法蒐集、處理、利用或侵害學生權利使用個人資料，不只依《個人資料保護法》有裁罰規定、學生可以請求損害賠償，甚至已經涉犯《刑法》洩密罪。

3.安全的確保

　　在法律風險之外，教育人員也要注意在處理校園用藥案件時的風險。案件可能不只是單純的施用毒品，還伴隨著暴力與犯罪。由於毒品來源可能是同儕、校外人士，也可能是家長或手足，案件複雜程度提高，這時候就不得不考量教師自身的人身安全。尤其在伴隨相關毒品犯罪（如販賣毒品），或意識到牽連人員較廣的時候，便應該向校方熟悉法律的人員或律師諮詢，並與檢警保持聯繫。

　　不論是在校安通報之後擔任春暉小組的成員，或者是在兒少保通報及司法程序提供若干資訊意見並協助諮詢輔導，教育人員均須對於程序有一定程度的掌握。這不僅是自身專業倫理的要求，且更能夠讓學生及家長放心，而不會招致不可預期的風險、導致更多的傷害。在此同時，教師也應該具備基本的法律素養，清楚了解警方協請校方配合辦案的界限、校方搜查學生私人物品的權限範圍、輔導與管教的規則，避免教育人員因為處理程序及執行處遇過程陷入違法的處境。

（四）建構並運用多元的合作關係

　　三軌程序的運作並不容易，有賴校園內外的整合與協調，教育人員在這之中往往扮演重要角色，如何組建靈活的團隊進行協作會是重要的課題。除此之外，由於案生尚處於在校學習階段，往往與家長關係密切，如何因應並與家長互動也須特別留意。

1.靈活多變的協作位置

　　由於三軌程序複雜且交錯，並牽動不同專業人員及許多關係。身處校園的教育人員既要在春暉小組進行跨局處的協調分工整合，也必須與校園之外的社工、檢警、少年輔導委員會、少年調查保護官及法院有所合作，同時也要面對家長方面的情況與要求。建議在校內成立春暉小組時，即可組建團隊，並透過個案會議分工、連結外界資源與專業服務，以避免問題湧現時找

不到校園端的承辦窗口；這也有助於與外界聯繫，作爲因應靈活團隊協作位置的基礎。

2.與家長之間的合作

　　學生如果因爲毒品案件進入校安通報及兒少保通報，家長（或法定代理人）通常會非常焦急，擔心此流程會對於學生造成污名，甚至可能因此採取抗拒的姿態。對此，教育人員應該清楚說明上述程序目的是「協助」而非「定罪」，並細心與家長溝通，如何共同面對現狀，並建立起合作的關係。家長是重要的角色。如果此時家長仍然無法理解，甚至表示是校方故意誣賴，這時候教育人員更應該展現專業，清楚說明法律流程。由於此屬於《學校訂定教師輔導與管教學生辦法注意事項》所列輔導與管教學生範疇，教師可適時請求學校不同單位（如輔導單位）協助。

單元二

召開個案會議的方式與技巧

吳芷函

在教育現場，喜歡「開會」的人應該是少數吧！開會總令人聯想到冗長、麻煩、疲憊等較負面的形容。但若把開會這件事情想成是彼此在「凝聚共識」呢？其實說話、聊天都是在凝聚共識呢！只是當學生發生了一些狀況，需要環繞學生的系統一起動起來，因此要一起凝聚共識、設立界限的人更多了，但目標都是希望能夠帶領學生避免危機、健全發展。這時候，要如何在校內外的管教上都盡力達到一致性的態度，就需要透過一次又一次個案會議來討論了。

關於討論如何開會的書籍、架構很多，以下整合了許多教育現場夥伴的血淚史，提供關於在開學生個人議題相關的會議時常發生的問題，以及嘗試讓會議能夠更加順利並能真正協助到學生的一些經驗分享。

 提醒

給會議主辦方：邀請來的與會者都有其專業與角色定位，請善用每個人獨特的優勢，整合成案生最堅強的支持團隊。

給會議與會者：你是案生的重要他人，有你的協助，對案生穩定生活有極大的幫助。

給所有人：衝突是正常的，大家都在摸索默契。

一、會議前的準備

（一）由誰召開會議？

　　會議召開的單位，依據每間學校的組織編制與責任歸屬而有所差異。但在處理學生個別議題上，大多由學務處或輔導處爲主要召開會議的單位，例如：春暉小組會議（學務處）、個案會議（輔導處、學務處）、轉／復學輔導會議（教務處、輔導處、學務處）、轉銜會議（教務處、輔導處）等。

　　然而，通常會議不會單純地只處理一個問題，尤其是有關人的議題上，包含的層面非常多，雖然起因可能是學生使用非法物質，但可能必須同步處理中輟（離）問題，進而需要在成績上進行彈性／多元評量，此外各科教師、導師如何在班級經營中調整，以及與各系統合作的形式，都有可能在會議中被討論。那究竟誰比較好呢？坦白說沒有標準答案，比較建議的做法是以學生目前最主要得處理的議題爲優先。例如：以藥物使用爲主且牽涉到司法單位，那由學務處召開會議就較爲合適；若學生是因個人議題（適應、人際、家庭等）在晤談中發現有用藥情況，那由輔導處召開個案會議可能就更加適宜。以上也只是常見的分類，各校還是要依學校編制、責任歸屬來調整。

（二）確認會議目標與方向

　　依據不同會議，會有不同的會議討論目標與方向，主辦方須在召開會議前訂定此次會議的主軸，預先擬定討論提案，並依據此次會議主軸，邀請需要出席的人與會即可，讓與會者能夠清楚知道召開此次會議的意義與目標。

　　無論會議目標爲何，須以學生的最佳利益爲優先考量（依據《兒童權利公約》第 3 條、《兒童及少年福利與權益保障法》第 4 條、第 5 條），考量是否影響兒少的受教權、身心健康發展、家庭教養功能，以及環境中有利與不利因素等面向來進行評估。

（三）行政工作不可缺

1. 與會人員先確認

　　校園中只要是跟學生「此次事件」有重要關係的教職人員都會是與會成員之一，包含導師、輔導主任／組長、主責輔導教師、學務處主任、生教（輔）組長、主責校安人員／教官（高中）等。若學生為特教生，也須邀請特教教師與會。

　　其他校外單位，如家長、社政、警政、衛政等，則視個案學生當下的狀況與需求來決定是否需要邀請與會。

　　我們所有的努力都是為了學生本人，因此，也應該要審酌是否要讓學生本人參與會議或有表達意見的機會，並說明是否允許學生之輔佐人在場。

2. 會議通知很重要

　　由於個案會議有一定的保密性與時效性，因此在發會議通知時，建議能夠親自交給與會者並「簽」收。若是給家長的通知，以雙掛號郵寄並透過電話或訊息通知，較能避免疏漏。

　　其他單位、機關則以公文書中的會議通知形式，再輔以電話聯繫為原則。若會議通知中包含個案學生個資，則需注意保密原則，或以密件寄發。

 提醒（召開會議小眉角）

　　若能夠先聯繫各方確認時間後再發會議通知，能夠讓與會者感到被重視，也更有意願為當事人付出。

3. 個資使用請小心

　　依《個人資料保護法》及《少年事件處理法》第 83 條，對個案學生的資料一定要謹慎、小心地使用，在公文書上多以「○」做適度隱匿全名。平時討論也要注意場合與在場人員，尤其是有其他學生在場時更要小心，避免

事件在校園間流傳。必要時可以請與會的成員簽署保密同意書（參考格式如本單元附件）。

4.會前資料要準備

簡單來說，就是先擬好議程。會議主辦方在會前需要先安排會議的流程與希望討論的主題方向；在與學生相關的會議中，包含確認學生的現況、目前的需求，並區分輕重緩急，以及與此事件相關人士的期待、分工與合作等；主辦方若能先蒐集到與此次會議議案的相關資料（如藥物接觸使用史、學生目前最需處理之議題、重要他人的期待等），並預先擬好幾種不同的解決方案，可大幅提升會議效率。

在輕重緩急的判斷上，攸關生命安全者為第一優先，像是藥物使用合併自殺／傷情況；或因藥物使用而有生命安全的疑慮，例如：急／慢性中毒需要就醫的情況，學校端在會議中主要討論的內容可能聚焦在事件於學校發生之際危機小組的啟動時機，以及避免類似情況再次發生的預防手段。與當事人自身或校園他人的重大影響議題，例如：當事人在校內外與師長、同儕、家人的衝突，或是面對司法的介入，以及避免非法物質使用的風氣在校園中悄悄散播，如何止血與預防則會是討論重點。相對可以放在後面處理的，反而是出席、分數、上課態度這類因為前開議題而衍生出來的次級問題。

（四）凝聚工作同盟

1.有人的地方就有江湖：「會議」在開會前就開始了

與人有關的會議，在會議前通常會有各種聲音在校園中、網路上流傳著，每位與會者因自身的立場、角色，對藥物議題的態度，甚至是與學生的關係深淺，或與主辦方的交情等，都可能會造成與會者對於此次會議擬討論的議題觀點大相逕庭。為了避免在會議時擬討論的議題過度發散，或是花過多的時間在凝聚基本共識，甚至是讓私人情緒影響會議進行，這時相對不那

麼正式、富有彈性的「會前會」就派上用場了。

「會前會」之目的在於會議主辦方能夠先私下蒐集個別意見，澄清此次會議討論的重點，抑或是找說客先打點好可能會讓會議很難進行下去的對象，讓與會者可以更聚焦在會議要討論的議題中。舉例而言，當你期待某位教師能夠在課堂中調整對當事人的態度，減少當事人在該課堂的對立行為，但你也知道這位教師對於非法物質非常反感，且對當事人已經非常感冒；若直接在會議中提出此要求，被這位教師拒絕且反彈的可能性很高，也容易讓會議場合變得尷尬、凝重。因此若在正式會議前，能夠找一位該教師信服、關係較佳的同仁先與其打過照面，讓這位教師心裡有個底，且能夠在會議前就將情緒抒發完畢，那在會議中較能夠獲致同意合作的機會。

與不同的人合作，發生衝突是十分正常的現象，每個人或多或少都有自己在專業立場上的堅持。為了降低或是修復衝突，在這幾年校園工作的經驗中逐漸發展出了「手搖飲與爆米花外交」，在面對「會前會」或「會後會」（會議時已發生衝突）時，帶杯手搖或是一包爆米花，一起邊吃吃喝喝、邊發洩情緒、邊討論正事，通常比較容易讓對方放下防衛，也更願意一起再試試看！

2. 大會議前的小會議

此種會前會相較前述，會更正式一些，主要是針對當今天正式會議的與會成員包含較多的單位或家長，可以先由校方先行開會凝聚共識後再邀請家長或是外部單位加入，讓學校人員們的立場與界限可以更一致；這也適用於處室內先開「小會」，再跟其他處室開「大會」喔。

二、會議中的任務

（一）確認共識

無論會議的議程、形式如何，最重要的是，所有與會的人員對於這次會

議的目標共識能否「相較一致」。此處所說的「相較一致」是指不可能所有人的目標認知都一樣，但至少可以做到相互理解、彼此可能不甚滿意但可以接受的狀態。請記得，**會議的出發點是以學生最佳福祉為原則，但可以採取的行動、切入的角度以及各校的限制都不同，只要不違背大原則且能實際執行的都是好方法。**舉例而言，有位教師對於當事人因藥物等相關議題導致瀕臨中輟（離）的狀態是抱持活該、自找的態度，甚至是認為這樣的學生不要進學校影響其他學生更好，但經過會議中個案報告的了解、澄清，知道當事人背後的無奈與需要幫助的部分，這位教師可能仍不認同學生使用藥物的行為，但相對過去，其可以對這位學生更加包容，或是在課堂要求上給予與其他學生不同的彈性調整等。

（二）分工討論

　　分工，應該是會議的重頭戲！「為什麼是我做？應該是誰做吧？」這應該是很多人在開會時的內心獨白（或是會後的抱怨），那到底誰要做什麼呢？比起分工，或許「合作」會更適合應用在本書期待可以協助的個案學生身上，每個人都在自己的角色和專業上能夠「恰如其分」，在會議中的主要討論會放在如何讓每一個專業角色的效益能發揮到最大，以及避免重工消耗資源和心力。

　　也有部分的人會有雙重身分（如同時是學生的輔導教師與班級授課教師），或是有多重專業角色（如教師具社工師證照），這樣的身分、角色有利於去理解會議場上他人的立場與語言，但也需要時常自我覺察這樣的跨專業身分是否會影響到系統合作，或反而造成困境；這些也都可以在會議中提出來，讓彼此理解。

　　總之，就是要注意避免越界，過度從自身立場指教對方該怎麼做，或是出於好意的關心去介入了原本非屬自己主責的部分。在「大人」的工作場合之間，每位專業工作者都有自己擅長的方式與步調，信任是合作的基礎，相

信大家都不喜歡被指揮做事或是被放大檢視。有時不適當或過多的介入，最常造成學生（有時是家長）被不同人探問相似的問題，甚至可能造成學生對系統的煩躁感與不信任，反而形成反效果，這些都不是我們所樂見的情況。

　　每一案在每一個階段的需求都不同，為了避免學生、家長被很多不同的單位追著跑，建議可以在每一次的會議中討論在目前的階段中，由誰優先或主要去接觸學生、案家是相對適合的。若不得已需要多人與學生、案家接觸，也可以藉由有學生、案家與會的場合先說明原由，降低學生、案家對於協助單位的排斥。

（三）同步記錄

　　如果現場設備允許、人力充足，建議現場直接做會議紀錄，並同步讓所有與會人員看到紀錄的內容。這樣做的好處是可以讓視覺、聽覺同步，並增進與會者理解的一致性，有問題可以當下立刻提出、討論，避免會後因自身認知與會議紀錄的落差而產生誤會，或者為了修改紀錄而浪費時間在公文書的往返上。

三、會議後的工作

（一）執行進度追蹤

　　個案工作在會議結束後是另一個開始。主要由會議發起單位，也是這次事件的學生個案管理者，執行後續的追蹤與聯繫。這是一個勞心又勞力的工作，除了不斷更新學生近況，更要能掌握會議決議的方向在實際執行上所遇到的困境，並隨時調整或是再次召開會議討論。

（二）資訊交流媒介

1. 面對面溝通

能夠面對面交流資訊當然是最好，能夠完整地接收彼此語言與非語言訊息，但考量時空限制，有時候就需要其他方式替代。

2. 會議紀錄／正式公文

在正式的公文書中，只要涉及當事人個人資訊，請務必以密件或是附件加密方式發文。

3. 電話（包含手機與網路電話）

如果是協調重要的事情，記得要留下電話紀錄。留心通話的內容是否適合被當下旁邊的人知悉，尤其當有其他學生在場時，可能要先請學生離開或是換到較隱蔽的空間說話。

4. 電子郵件

電子郵件可以留下往來紀錄，相對通訊軟體更正式一些，只是仍要小心如果傳遞的訊息或是附件涉及需保密的資訊，一定要用加密後的檔案再傳遞，而且不要把密碼直接打在信件中，另外再以其他方式告知會更為適切。

5. 網路通訊軟體

科技的發展提供了更便捷的方式，但也帶來許多個資洩漏或是被截圖斷章取義等風險。那學生的事情到底能夠在特定封閉的網路社群中透漏多少？網路群組中可能包含了「特定之多數人在內」屬於「公開場合」，當你要傳遞一項與學生相關的資訊前，持有者須注意過度揭露資訊的風險；使用上，務必確定群組中的人「全部都有」取得這些保密訊息的權限；召集人最好也能在創立群組時做保密義務的宣告（公告範例如後所示），或直接簽署保密切結文件。另外，也可以選擇在群組中只做簡要摘述，其他重要細節則透過口述方式詳細說明。

公告範例

　　依照《少年事件處理法》第 83 條之 1，少年前案紀錄及有關資料應予以塗銷，原則亦不得對外提供。又依照《兒童及少年福利與權益保障法》第 66 條及第 69 條，因職務上所知悉之秘密或隱私及所製作或持有之文書，應予保密而不得洩露或公開；不得揭露足以識別施用毒品、非法施用管制藥品或其他有害身心健康之物質兒童及少年身分之資訊。除此之外，《個人資料保護法》設有保護規定、《民法》亦設有損害賠償規定，敬請留意資料運用。

【附件】

<h1 align="center">保密同意書</h1>

本人＿＿＿＿＿＿＿＿於 ＿＿年＿＿月＿＿日出席轉銜評估會議／個案轉銜會議，謹守輔導專業倫理，以維護學生接受輔導專業服務之權益為最大考量，同意遵守《學生輔導法》第 17 條及《個人資料保護法》等規定，對於因本次會議而知悉或持有學生之隱私資訊及輔導處遇狀況，願負保密之義務，除法律另有規定或為避免緊急危難之處置外，不得洩漏。

立同意書人簽名：＿＿＿＿＿＿ 日期：＿＿＿＿年 ＿＿＿＿月 ＿＿＿＿日

單元三

校安通報：法規與輔導實務

林俊儒

在校園知悉兒少確實用藥時，將有二項通報需要完成：校安通報、兒少保通報。此二通報有不同的程序、目標與參與人員，既是獨立的二個程序，也相互影響。在此將先介紹校安通報，兒少保通報則留待本篇單元四再加以說明。

校安通報及後續的春暉專案運作情形，主要規定在《各級學校特定人員尿液篩檢及輔導作業要點》。在接下來的篇幅之中，將以先介紹法定流程、後說明相應的工作方式，循著時序說明教師能夠扮演的角色。

另外，校園用藥議題也涉及校外及校內不同部門的職掌分工〔如校外生活輔導會[1]（簡稱校外會）的工作、校內的輔導與學務單位〕，程序參與的角色及其協力共作將是校園處遇能否有效，或至少不造成傷害的關鍵。這部分請參照本篇單元一。在此同時，本單元也會附帶說明執行春暉專案過程常見的法律問題。

具體來說，當讀者閱讀完本單元內容，將能夠掌握下述春暉專案輔導流程，包括一、輔導開始；二、輔導過程；三、輔導內容；四、結束輔導；五、後追階段。

---

[1] 依照《教育單位協助檢警緝毒溯源通報作業要點》第 2 點第 2 項，各直轄市及縣（市）校外會為地方緝毒通報二級聯繫單一窗口，負責接獲高中以下學校通報情資。

一、前導案例

　　A 是市立高中一年級的學生，現年 15 歲，昨晚在夜店遭到警方查獲，稱其涉嫌施用、持有及販賣第二級毒品安非他命之相關罪名，並通知作為班級導師的你。在你完成校安通報之後，學校成立春暉專案小組處理本案。

（一）A 回到學校，A 及 A 的家長前來找你，告知 A 是冤枉的、並未涉嫌上開案件，並詢問接下來的流程，你要如何回應？

（二）數日之後的下午，警方到校請同班的 B 直接到警局說明配合辦案，稱其也涉犯施用、持有及販賣第二級毒品安非他命，你要如何回應？

（三）如果 A 並非遭警方逮補，而是在校驗尿查出有施用毒品的陽性反應，後續程序又有何不同？

（四）如果 A 確認有施用毒品情形並入春暉專案執行，而 A 坦承其毒品來源為同班同學 C，你要如何回應？

（五）如果 A 有疑似攜帶毒品到校流通的情況，此時可否搜查學生物品？

二、春暉專案的流程概說與釋疑

輔導流程概觀與釋疑

　　依照《各級學校特定人員尿液篩檢及輔導作業要點》第 2 點規定，包括提報特定人員名冊在內，校安通報及其春暉專案輔導目的在於「為防制毒品及其他有害身心健康物質進入校園，透過各級學校特定人員尿液篩檢，即時發現濫用藥物學生，並成立『春暉小組』施予輔導，協助脫離毒品危害，營造健康、清新及友善之校園環境」。依照同要點第 1 點，這也是為了落實

《毒品危害防制條例》、《兒童及少年福利與權益保障法》、《少年偏差行爲預防及輔導辦法》及《特定人員尿液探驗辦法》所設的規範。

　　之所以在「兒少保通報」之外另設「校安通報」，與校園活動本身具有的教育性質及群體生活有關，使得校安通報在確保兒少身心健康之外，肩負防制毒品進入校園的責任。也因爲這個雙重目的，讓完成校安通報之後的春暉專案內容同時具有「個案輔導」與「毒品防制」的內涵。當校園被認定爲教育單位，既非醫療單位，也非檢警單位，要如何在此雙重目的之間提供合適處遇？便成爲難題。以下將循著現行法規範，說明流程及可能的工作方向，供作參考。

1.輔導開始

　　依照《各級學校特定人員尿液篩檢及輔導作業要點》第8點第1項規定，經確認尿液檢體含有濫用藥物或其代謝物者，以及「自我坦承」、「遭查獲」、「接獲其他網絡通知」涉及違反《毒品危害防制條例》及《管制藥品管理條例》或非法施用其他有害身心健康物質者，學校必須至「教育部校園安全暨災害防救通報處理中心」（圖3-3-1）完成「校安通報」。

　　這時候，將由校長或其指定之人員擔任召集人，成員應至少包括導師、專業輔導人員（學校輔導人員、社工師或心理師）、學務人員等；必要

圖 3-3-1　教育部校園安全暨災害防救通報處理中心網站

時，得邀請法定代理人或實際照顧者、少年輔導委員會、專責警力（如少年警察隊）、校外資源網絡人員及其他學者專家等人列席相關會議，組成「春暉小組」實施輔導。此小組所執行之輔導目的和內容與兒少保服務、少年司法並不相同，主要由校園人員組成，兼具有個案輔導及毒品防制的內涵。

因應《少年事件處理法》的修法，新修正《各級學校特定人員尿液篩檢及輔導作業要點》第 8 點第 3 項規定，12 歲至 18 歲學生施用第三級、第四級毒品，其法定代理人、實際照顧者或學校得通知少年住所、居所或所在地之少年輔導委員會施以適當期間之輔導。同要點第 8 點第 4 項則規定，休學、中輟或中途離校之未成年學生施用第三級、第四級毒品，學校得通知少年輔導委員會協助輔導，並於學生復學後，組成春暉小組實施輔導；學校必要時得與少年輔導委員會共案合作。

經第二篇單元三所述「提報特定人員名冊」驗尿呈現陽性反應，是直接能夠想像的適用對象。同時，也有自行坦承用藥或涉及違反《毒品危害防制條例》、《管制藥品管理條例》或非法施用其他有害身心健康物質者，但相對普遍的來源仍然是遭查獲或其他網絡（如社會局及衛生局）通知涉及《毒品危害防制條例》。值得注意的是，此處條文所稱「涉及違反毒品危害防制條例」不限於施用毒品，販賣毒品等情形也包括在內。換句話說，春暉專案可能「直接」處理到「施用毒品之外」而案情相對複雜的毒品案件。

在甫處理校安通報之際，教師除了掌握「學生背景」，「通報來源」與「所涉罪名」也值得留意，因為這將影響後續程序作業，也才能訂定合適的輔導策略與防制辦法。併同第三篇單元一所述，可以考量下述項目：
(1) 個案與教師間的關係（如向教師坦承者與教師關係可能較親近）。
(2) 司法程序的複雜程度（如涉及販賣毒品者司法調查程序相對複雜）。
(3) 校園因應的策略（如是否有校園內流通的情形）。

另一方面，教師在處理兒少保通報時，也會從兒少保通報角度考量：
(1) 兒少保程序的時程規劃（如在分類分級後三十日內做成調查報告）。

(2) 兒少保程序對於用藥兒少交友、家庭情況等因素調查及報告紀錄（如毒品來源是朋友？親人？家長是否知悉？兒少面臨處境爲何？）。

　　在上述考量中，司法程序有相對明確的規範，這部分於本篇單元五完整介紹。在此只是想先提醒：如果 14 歲以上、18 歲以下學生涉及製造、運輸、販賣毒品，不管是何種法定毒品等級，由於觸犯最輕本刑五年以上有期徒刑之罪，依照《少年事件處理法》第 27 條、第 65 條，屬少年刑事案件；將由少年法院依調查之結果，以裁定移送檢察官偵查，若檢察官決定起訴，案件將在少年法院進行審理，程序相對複雜。此外，毒品供給者的角色相較於毒品施用者來說，不只司法程序較爲複雜，且因爲涉及取得毒品貨源及分送的傳播網絡，考量面向也更爲多重，應特別留意。

 **延伸討論**（警方協請校方配合辦案）

　　校方就涉犯案件與警方合作須遵守法律的界限，偵查作爲不能夠無邊無際。如前導案例，警方因爲認爲 B 涉犯《毒品危害防制條例》案件，直接來到校園，希望請 B 到警局一趟。在這個時候，校方應該先確認警察所持文件爲何？如果僅是「通知書」，則無強制性，應告知學生可以選擇是否到場；如果是《少年事件處理法》的「同行書」，則須配合到場。但是，無論如何都不該讓警方貿然進入班級，校方可以適切方式通知學生，並且儘量安排不影響其就學權益，同時避免讓其他人得知學生的到案時間。此間有著許多細膩的做法。

　　面臨警方協請配合辦案的情況，校方除了告知學生相關權利義務（包括警方所持不同文件所具有的法律效力，以及委請律師和保持緘默權等規定）、聯絡家長（包括尋找信任的律師），尤其應該避免警察到校對於校園教學活動造成的衝擊，以及對於該名學生的污名與標籤化。較爲理想的做法應該是：透過警方與校方事前的聯繫與安排（包括警方因爲辦案需要到校、學校碰到無法處理的複雜議題而尋求警察介入），降低負面影響。此外，如果家長因故尚未即時到場或不克前來陪同學生，校方亦應陪同處理，避免學生權益受到侵害。

2. 輔導過程

在校安通報後一週內即召開「第一次成案會議」，並在接獲檢驗報告後一週內進行「第二次成案會議」。在這二次會議之中，將進行跨處室的輔導分工，並開始訂定個案輔導計畫（包括輔導方向、相關介入或處遇措施、介入或輔導時間可運用與結合的校內外輔導資源），同時指定個案管理人（包括擔任春暉小組聯絡人、個案相關資料登錄列管、行政程序期程控管、與外部單位聯繫合作）。

依照《各級學校特定人員尿液篩檢及輔導作業要點》第 8 點第 1、2 項規定，在這三個月內的具體輔導過程包括適時快篩、填報相關輔導紀錄備查，並告知自動請求治療的優惠。但並不以此為限，此僅為法律規定之作業事項。

(1) 適時快篩

什麼是「適時快篩」？輔導期間一至二週至少實施快篩檢驗一次，通常安排在連續假日後實施，可以在通案程序與個案需求之間進行調整。在執行快篩過程，由於涉及學生隱私，從試劑購買、存放，快篩通知、實施，以及樣品保存、檢測和送驗，均應留意不得讓非受試者及非承辦業務同仁知悉。例如：避免以廣播方式請學生至學務單位領取試劑；避免同樣接受春暉專案輔導學生以列隊方式至廁所驗尿；避免文件資料所載學生個人資料在處室呈轉間外洩。

快篩試劑通常有二種。第一種為卡式，使用時先將試劑包內滴管汲取尿杯中尿液，或將試紙直接放入尿杯中，接著將滴管內尿液滴二至三滴至試劑圓形孔內或將試紙放入尿杯五秒，即可檢查其試劑上的檢查窗所顯示線條，如果僅有 C 線一條即屬陽性反應。第二種則是多重試紙式，有著透明外殼，使用時取下前端蓋子，將試劑前端浸入尿杯中，前端試紙浸溼尿液，之後觀察試劑的線條判斷。

在具體操作上，為避免學生交換快篩試劑以影響實際驗尿結果判讀，並

保障學生權益而避免造成隱私及名譽的損害，建議安排在課後或午休時間由教師陪同個別學生至廁所完成受測。如果初篩結果爲陽性反應，必須採足同一檢體二瓶，將檢體送至校外會或教育部協助送檢驗機構實施確認檢驗。各縣市校外會將協助辦理轄區內尿液篩檢作業講習，並以密件函送學校檢驗結果。

(2) 填具輔導紀錄

填具輔導紀錄是爲了完善輔導進行所要求的法定義務，透過紀錄記載，讓不同位置的工作者能夠協力合作。常見輔導資料爲晤談歷程、晤談摘要，內容則包含評估、觀察、晤談及轉介方向。《各級學校特定人員尿液篩檢及輔導作業要點》所規定的輔導頻率是各輔導人員每一至二週對個案進行一次以上輔導。

在此提醒，春暉專案輔導人員與春暉小組內其他成員的合作（如學務處人員）、與其他不同系統的工作（如兒少保的社工、少年司法的少年調查保護官），是促成良好輔導的關鍵。這時候如果透過個案會議的召開，可適度調整不同系統的工作目標與進程，也避免重複詢問造成學生的困擾或疲於奔命，也可以在彼此理解的合理範圍之內共享資訊，以促進兒少利益。至於如何召開個案會議，於本篇單元二已有詳細說明。

(3) 告知自動請求治療的優惠

教師應告知學生在犯罪未發覺前自動請求治療的優惠，包括法律規定自動請求治療者不用送法院或檢察機關，並會依照各地區規劃提供醫療費用的補助。因此，建議教師要對於所在地地方政府及其配合的醫療院所提供資源有基本認識，以協助轉介與配合。

由於多數醫療院所需要學生「主動」尋求協助才會進行篩檢和評估，教師在此際扮演的角色即相當重要，以鼓勵學生接受治療與評估。部分醫院設有青少年藥物門診，或藥物或成／戒癮門診、精神科及身心治療診所，通常在就診初期先針對生理功能進行評估，再轉介至心理師提供服務（包括動機

式晤談等）。如教師不清楚學校所在地藥癮治療服務及其相關補助，可以致電至當地社會局處詢問，或者詢問少年調查保護官、少年輔導委員會、毒品危害防制中心。在此，也建議學校可以先行臚列在地資源提供給教師了解，方便運用。

3. 輔導內容

就諮詢輔導而言，「各級學校春暉小組輔導措施注意事項」規定各輔導人員應每一至二週對個案進行一次以上之輔導。但是，要以什麼方式進行諮詢輔導？輔導的實際內容為何？法條未有明確規定。內容相對彈性，舉凡校園學習狀況、情感社交情形以及家庭的親子關係，都是學生用藥背後的重要課題；教師所提供的協助、陪伴與支持，將是諮詢輔導是否有效的重要因素；輔導無效或較為嚴重的個案，經評估得轉介藥癮戒治或心理諮商機構。至於春暉小組內不同位置的成員如何協作？跨不同系統者如何合作？是否召開個案會議？如前所述，本篇單元二已有說明。

就預防教育、法治教育及衛生教育而言，如果課程只是不斷重述《毒品危害防制條例》規定，或者拿出施用毒品之後的大腦圖示恫嚇學生，對於讓學生理解具複雜成因的用藥議題並沒有太大的助益。對於這部分的內容設計，建議可以參考本書第一篇，發展適合的活動或互動方式。

就多元輔導而言，新修正《各級學校特定人員尿液篩檢及輔導作業要點》第8點擴大輔導內容，將家庭教育納入，併同自我保護、再犯防止、生活技能訓練共同作為輔導內容，並依照學生藥物使用情形採取包括轉介治療在內的對應方式。同時，學校亦得評估學生濫用藥物原因，視學生需求提供職業訓練、職業試探或生涯探索等活動或課程。此外，如果學生涉及施用毒品以外之違反《毒品危害防制條例》、《管制藥品管理條例》或其他有害身心健康物質等行為，而有行為嚴重偏差時，學校亦得視輔導情形依照《學生輔導法》提供處遇性輔導，依法在必要時得洽請警察機關協助處理。雖然法

規設有此洽請警察協助處理的規定，但此舉應作爲輔導措施的最後介入手段爲宜，仍應以家庭教育、職涯探索及處遇性輔導爲優先介入手段。

延伸討論 （知悉毒品來源）

　　教師在輔導期間可能遇到學生吐露或因此間接得知毒品來源，甚至校內外的交換網絡。依照《各級學校特定人員尿液篩檢及輔導作業要點》、「教育部防制學生藥物濫用實施計畫」，教師被賦予積極發現義務，如發現疑似藥頭之學生或知悉藥物來源情資，應依《教育單位協助檢警緝毒溯源通報作業要點》辦理。

　　不過，這時候教師可能在個案輔導關係與校園毒品防制之間感受到張力。爲避免影響與學生間的信任關係，建議教師在輔導晤談前應該清楚告知教師所被賦予的法定通報責任，及其能夠提供的具體資源，讓學生清楚知悉以避免爭議。不過，教師可能還是會擔心如果沒有與檢警配合可能使學生重蹈覆轍？又或者擔心自己上報毒品來源之後，可能招致自身之不利？如本篇單元一所述，教師應該回到個案的具體需求與風險評估，在符合法律規定及倫理要求之下做成判斷。

　　依照《教育單位協助檢警緝毒溯源通報作業要點》第 2 點第 2 項，各直轄市及縣（市）校外會之運作方式包括「將情資以密件函轉警政機關，以利追查上源藥頭，並副知教育部國民及學前教育署」、「彙整分析學校所送情資及警方提供之涉毒偏差行爲通知書查獲地點，更新列管之熱點區域，並透過定期聯繫機制，協調或配合警政單位調整熱區巡邏方式」、「鼓勵學校積極通報情資協助向上源追查藥頭，並加強對情資通報學生及教職員之保護」。依照同要點第 3 點，應適時在春暉小組成案會議或適當時機讓學生之法定代理人知悉，當提供情資之後，也必須對供出毒品來源情資者及學校施以保護，以避免曝光有危害其安全疑慮。這時候，相關情資將轉化爲警察職務報告後報請地檢署指揮，由檢警主責偵查作爲。

延伸討論（校方搜查學生私人物品）

　　法律並未直接賦予校方執行《刑事訴訟法》搜索的權限，同時也受到《刑法》第307條違法搜索罪等的拘束，不得恣意搜索學生私人物品。如果校方未有法令依據即進行搜索，恐有觸法疑慮。換句話說，校方要找到法律明文規定並符合特定條件，才能採取行動。以下是相關的法律規定，而此作為被稱為「搜查」。

　　依照2022年2月最新修訂的《學校訂定教師輔導與管教學生辦法注意事項》第28點第1項：「為維護學生之身體自主權與人格發展權，除法律有明文規定，或有相當理由及證據足以認為特定學生涉嫌犯罪或攜帶第三十點第一項及第二項各款所列之違禁物品，或為了避免緊急危害者外，學校不得搜查學生身體及其隨身攜帶之私人物品（如書包、手提包等）。」所稱「違禁物品」包括毒品。因此，在前導案例中，如果「有相當理由及證據足以認為」A攜帶毒品到校，才有可能搜查A或其可能流通對象之特定學生物品。如果校方並未有此相當理由及足以認為涉嫌其中的證據，僅憑傳聞便採取此嚴重侵害隱私權之行動，即可能觸法。

　　值得注意的是，2022年2月修法提高搜查學生身體及私人物品之強度，將原本「證據顯示」的要求拉高到「證據足以認為」。同時，也刪除原本教師得逕行搜查的規定，而統一由學校主管單位同意授權，以避免教師有任意侵害學生隱私權之疑慮。此外，在同注意事項第28點第2項，更要求學校進行搜查時「應全程錄影」，以確保程序妥適以供檢驗。又，如遇到嚴重或涉及學生私密部位之情形，則應請警方協助處理。

　　再者，搜查時也應符合《學校訂定教師輔導與管教學生辦法注意事項》第12點的比例原則：「教師採行之輔導與管教措施，應與學生違規行為之情節輕重相當，並依下列原則為之：（一）採取之措施應有助於目的之達成。（二）有多種同樣能達成目的之措施時，應選擇對學生權益損害較少者。（三）採取之措施所造成之損害不得與欲達成目的之利益顯失均衡。」不得逾越必要程度。

　　在搜查之外，校方也可以設置安全檢查，但仍然有其前提及適用界限。這

部分已經有相對明確的規範，請參照《學校訂定教師輔導與管教學生辦法注意事項》第 29 點的校園安全檢查之限制第 1 項：「為維護校園安全，學校得訂定相關規定，由學務處依規定進行安全檢查：（一）各級學校得依學生住宿管理規定，進行學生宿舍之定期或不定期檢查；大專校院進行檢查時，應有二位以上之住宿學生代表陪同；高級中等學校進行檢查時，應有二位以上之住宿學生代表或學生家長會代表陪同；國民中小學進行檢查時，則應有二位以上之學生家長會代表陪同。（二）高級中等學校之學務處對特定學生涉嫌犯罪或攜帶第三十點第一項及第二項各款所列違禁物品，有合理懷疑，而有進行安全檢查之必要時，在二位以上之學生家長會代表、學生會幹部或教師陪同下，得在校園內檢查學生私人物品（如書包、手提包等）或專屬學生私人管領之空間（如抽屜或上鎖之置物櫃等）；國民中小學進行前段之檢查時，應有二位以上之學生家長會代表或教師陪同。進行本款之安全檢查時，被檢查之學生本人得在現場。」第 29 點第 2 項至第 4 項要求學校進行安全檢查時應全程錄影，並保存至少三年。已經有相對明確的規範。

　　據此，以前導案例為例，即便 A 可能攜帶毒品到校，也不代表校方即可恣意搜查，也不得為找出單一學生而搜查全體學生。原則上，應該儘量避免此種行動。原因不外乎此舉將傷害師生之互信，且校園應以教育為目的，避免對教學環境造成負面影響。

　　即便在少數情形有搜查之必要，也應該先考慮其他同樣能達到目的而更為和緩的處理方式；又或者透過第三者協助，以避免對於學生影響及指控為違法之爭議；在此同時，也必須仔細向家長說明。在執行前可以諮詢律師或承辦業務的專門人員，以避免違法或招致爭議，畢竟校方違法搜索取得的證據，其證據能力可能遭到挑戰，校方行為甚至可能會被認定為違法，甚至有賠償責任，不可不慎。

4. 結束輔導

　　輔導期滿的驗尿結果將是能否結束輔導的關鍵。依照《各級學校特定人員尿液篩檢及輔導作業要點》第 8 點第 5、6 項及第 9 點第 1 項規定，輔

導期滿應採集尿液再送檢驗機構檢驗。如果驗尿結果呈現陰性反應，學校應召開春暉小組結案會議，解除列管，並持續將學生列為特定人員觀察；如果驗尿結果呈現陽性反應，則將再實施輔導一次，期間同樣為三個月，並同時協請法定代理人或實際照顧者將個案轉介至衛生福利部指定的醫療機構請求治療，倘學生未成年或施用第一級、第二級毒品者，得函請毒品危害防制中心協助輔導。如果輔導仍為無效（通常是第二次輔導結果仍呈現尿檢陽性反應），或者法定代理人、實際照顧者拒絕送醫戒治時，學校得依《毒品危害防制條例》、《兒童及少年福利與權益保障法》或《少年事件處理法》相關規定，洽請警察機關協助處理，必要時請求支援。

　　新修正《各級學校特定人員尿液篩檢及輔導作業要點》第 8 點也新增其他結束輔導的事由。其中，因應《少年事件處理法》第 3 條第 2 項修正，並配合《少年輔導委員會設置及輔導實施辦法》第 15 條第 2 項規定，學生涉及施用毒品以外之違反《毒品危害防制條例》、《管制藥品管理條例》及其他有害身心健康物質者，學校應就學生歷次尿篩紀錄及各項學習和生活行為表現綜合評估，召開春暉小組結案會議討論解除春暉小組列管，並持續追蹤輔導六個月或視學生狀況輔導至畢（結）業或 18 歲為止。無學籍之未成年人如需追蹤輔導，可轉介相關資源，由相關機關、單位協助輔導。再者，如果學生因執行司法處遇，致事實上無法執行春暉輔導者，學校得暫停輔導，並結合相關資源持續提供家庭支持性服務及轉銜。學生返校後，仍應完成後續輔導期程。

　　學生離開學校也會成為結束輔導的原因。依照《各級學校特定人員尿液篩檢及輔導作業要點》第 9 點第 4 項規定，如學生有休學、中輟、中途離校、畢（結）業、未畢業而因其他原因提前離校或未按時註冊等情形時，可以參照「各級學校學生涉及毒品危害防制條例案件輔導處遇流程」進行處理（圖 3-3-2），即進入後追階段。關於這部分可以同時參考本篇單元四的「三、學生及家庭的社政單位輔導」之說明。

5. 後追階段

　　後追階段可分爲「轉介追蹤機制」以及「轉銜輔導機制」，前者是春暉專案輔導結束但未能達成目標者的追蹤機制；後者則是春暉專案未完成而有繼續升學或轉學情形續行輔導機制。

　　就轉介追蹤機制而言，如果學生未滿 18 歲，則依照圖 3-3-2 所示輔導處遇流程辦理。如果學生已經年滿 18 歲，則學校應評估個案是否需追蹤輔導、戒治及查察，再將相關資料進行移轉，取得同意書者（未滿 18 歲者應取得法定代理人或實際照顧者同意書、18 歲以上者應取得本人同意書）移轉至個案戶籍地的毒品危害防制中心；無法取得同意書者則移轉至警察機關。

　　就轉銜輔導機制而言，則另依《學生轉銜輔導及服務辦法》辦理，原則上繼續升學或轉學之新入學學校必須接續輔導，而原就讀學校應於轉銜學生離校後持續追蹤六個月，如追蹤期間屆滿六個月，學生仍未就學者，原就讀學校應於校安通報系統通知所屬主管機關列冊管理。

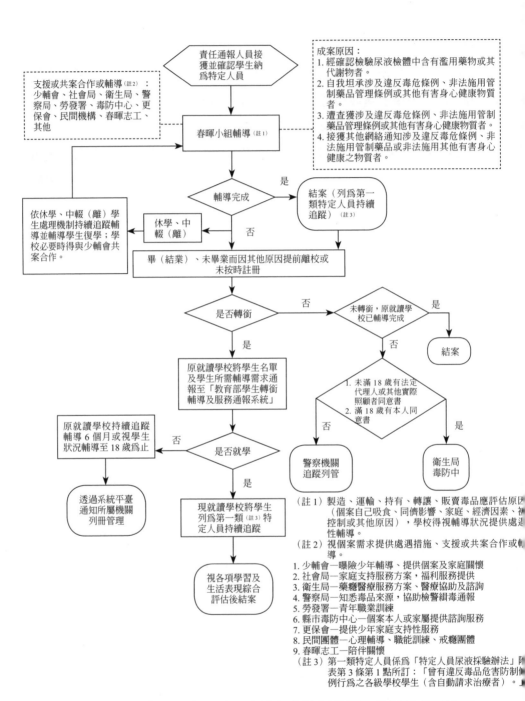

圖 3-3-2　各級學校學生涉及毒品危害防制條例案件輔導處遇流程

兒少保通報：法規與輔導實務

林俊儒、黃子萍、彭偉銓

　　在校園知悉兒少確實用藥時，除了本篇單元三所介紹的校安通報，法律同時設有兒少保通報。即便對於流程已有基本的認識，但是當在校園遇到實際個案的時候，往往還是不太清楚在什麼情況之下需要通報？通報之後會發生什麼樣的程序？學生又會陸續在什麼時間接受到何種服務？面對接踵而來的服務與資訊時，教師又應該扮演什麼樣的角色？

　　透過掌握兒少保通報流程細節並留心注意事項，能夠了解第一線教師的職責，也有助於用藥兒少個案得到更好的服務。當兒少訴說用藥經驗之後，教師可以知道在何種範圍內必須通報，其中又要考量什麼要素。在此同時，也能清楚地跟孩子說明接下來的具體流程，並在不同層面上建構保障兒少隱私及相關權益的保護網絡，讓整體服務流程不致成為傷害的來源，進而在服務流程之中與司法端、社工端合作，於校園提供孩子所需要的陪伴與協助。

　　具體來說，閱讀完本單元內容，將能夠掌握通報的條文解釋，以及下述兒少保通報流程，包括一、線上通報；二、分類派案；三、調查報告；四、提供處遇；五、結案。

一、前導案例

　　A 是市立高中一年級的學生，因為與校外人士交往後分手，後續傳出相關感情紛爭，遭到在校同儕訕笑。有一天，A 私下與導師訴苦，提及她最近心中煩悶、鬱卒、很想自殺，並在昨晚參加電音派對，有依照校外人士指示用鼻子吸食白色粉末，她不確定是不是毒品，也希望導師不要跟其他人說。請問這時候如果你是 A 的導師，該如何是好？如果 A 是經校園驗尿有施用特定毒品的陽性反應，或是在校外警察執法驗尿而有施用特定毒品的陽性反應，是否有不同的考量？

二、兒少保通報的流程概說與釋疑

（一）通報的條文解釋

　　《兒童及少年福利與權益保障法》第 53 條第 1 項[2] 規定，當教師知悉兒少有施用毒品、管制藥品或其他有害身心健康的物質，依法必須在二十四小時內通報，這樣的流程通常被簡稱為「兒少保通報」。

　　在閱讀條文的時候，讀者可能會有些疑問。比方說，怎麼樣才算是「知悉施用毒品」？什麼是「其他有害身心健康之物質」？在前導案例之中，A 同學轉達導師其在電音派對使用白色粉末，這樣教師算是知悉 A 同學施用毒品嗎？如果 A 同學改口稱「我開玩笑的」，那這時候導師是否具有法定

---

[2] 《兒童及少年福利與權益保障法》第 53 條第 1 項：「醫事人員、社會工作人員、教育人員、保育人員、教保服務人員、警察、司法人員、移民業務人員、戶政人員、村（里）幹事及其他執行兒童及少年福利業務人員，於執行業務時知悉兒童及少年有下列情形之一者，應立即向直轄市、縣（市）主管機關通報，至遲不得超過二十四小時：一、施用毒品、非法施用管制藥品或其他有害身心健康之物質。二、充當第四十七條第一項場所之侍應。三、遭受第四十九條第一項各款之行為。四、有第五十一條之情形。五、有第五十六條第一項各款之情形。六、遭受其他傷害之情形。」

通報義務呢？如果導師具法定通報義務而無正當理由未通報，依照《兒童及少年福利與權益保障法》第 100 條，可是會遭到「處新臺幣六千元以上六萬元以下罰鍰」。

對此，教育部 2016 年 7 月 26 日臺教學（五）字第 1050102933 號函指出，「需通報情形包含『兒少自陳施用毒品』或『驗尿結果呈現陽性反應者』（即檢驗機構尿液檢驗報告確認陽性），倘若相關人員因查獲兒少持有毒品而懷疑其同時有吸食，請俟尿液檢驗結果證實後，再行通報。」根據該函示，**如果前導案例的 A 同學自陳在派對所施用的白色粉末為毒品，則導師就有法定通報責任。**反過來說，如果 A 同學僅泛稱可疑物質或僅是開玩笑，則導師不具有法定通報責任。

《兒童及少年福利與權益保障法》賦予教師通報責任，是為了讓兒少獲得專業處遇資源，透過辨識、評估、輔導的協助保障兒少權益；但是，這不意味著必須「看到黑影就開槍」。教師固然擔心沒有採取通報行動而受到處罰，不過也不能未經任何查證或了解，便不分青紅皂白一律通報，更不能認為教師只要負責通報，之後的流程均與其無關。如此「卸責式通報」的態度，不僅無法協助兒少面對用藥議題，也極可能使得通報流程反而成為傷害來源，影響兒少健全成長。

從早期預防概念出發，在尚未進入兒少保通報流程之前，亦可以在日常課程安排與討論活動中讓學生了解教師能協助之處，不用等到法定通報責任出現之後才來處理。一旦進入法定程序，教師介入的彈性調整空間就少了許多。

（二）具體流程的說明

在這裡要先跟讀者說明，雖然《兒童及少年福利與權益保障法》是中央法規，但由於各地對於兒少保通報的流程及資源並不相同，實際運作不免有所差異，當地具體情形仍請讀者以各地最新規定為主。以下僅以臺北市政府

依據衛生福利部《社政機關兒童及少年保護案件通報處理、調查及處遇服務作業程序》等規範於 2022 年 9 月 27 日修訂的《臺北市政府社會局處理兒童及少年第二類保護通報案件工作規定》為例，介紹兒少保流程的概觀。

　　從「臺北市社會局處理兒童及少年第二類保護案件流程」（圖 3-4-1）觀察，可以大致區分為以下五個流程：1. 線上通報→ 2. 分類派案→ 3. 調查報告（十日訪視評估，總期三十日之內完成）→（依照開案標準決定是否開案）4. 提供處遇→ 5. 結案。接下來，將分別針對這些程序稍作解釋及說明。

1. 線上通報

　　在登入「社會安全網：關懷 e 起來」網站頁面（請見圖 3-4-2），點選「線上通報」之後，選擇「□有兒童、少年、老人、身心障礙遭受其他不當對待」、「□被害人未滿 18 歲」；即產生兒少保護案件通報表。此時，建議教師在描述個案時，儘量描述個案情境（如校園狀況、家庭環境等）、避免只提供（或過度偏重）兒少施用毒品的案情。為有效掌握後續處遇資源予以協助，建議勾選「□受理單位是否需回覆通報單位」，通常會由承辦該案社工與通報者聯繫，教師也可以主動追蹤派案情形及後續派案狀況。此外，教師作為與學生距離較近的角色，可以從第一線的觀察，提供調查報告及處遇的素材，以有效進行後續程序。

 提醒

　　衛生福利部設「社會安全網：關懷 e 起來」網站（https://ecare.mohw.gov.tw/）線上求助與通報，同時設社會安全網電話諮詢，均可查詢受理案件的進行狀況。

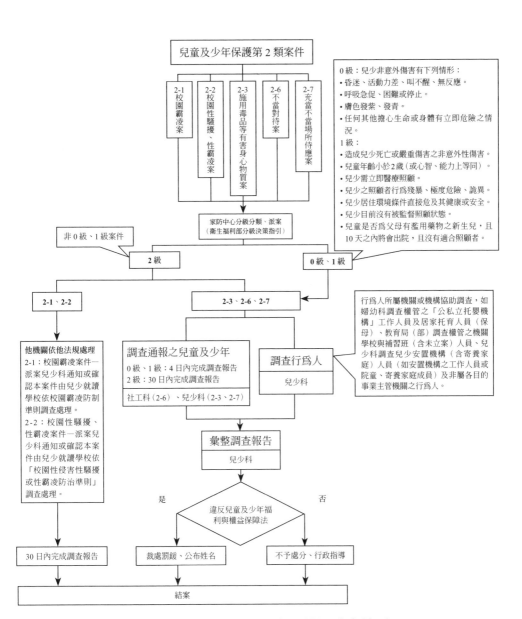

圖 3-4-1　臺北市社會局處理兒童及少年第二類保護案件（2-1～2-3、2-6、
　　　　　2-7）流程

圖 3-4-2　社會安全網：關懷 e 起來頁面

2. 分類派案

　　有關「分級分類標準」是依照《兒童及少年保護通報與分級分類處理及調查辦法》進行判斷。以臺北市為例，臺北市社會局是採用「家暴防治中心分級分類派案」（衛生福利部分級決策指引），基於該派案單位「家庭暴力暨性侵害防治中心」（簡稱家防中心）進行分類。這部分各縣市政府的標準可能有所不同，例如：新北市是依照「高風險家庭整合型安全網服務計畫」派案。

　　依照《兒童及少年保護通報與分級分類處理及調查辦法》，社政單位在

接獲通報後，應於二十四小時內進行評估並分級。「施用毒品等有害身心物質」被歸類於「第二類案件（2-3）」，並根據圖 3-4-1 所示，案件緊急程度分為 0 級、1 級、2 級。由於案件緊急情節有別，0 級與 1 級應於四日內完成調查報告；2 級則應於三十日內完成調查報告。

　　這裡要特別注意的是，施用毒品只是兒少保通報項目的其中一項，如果教師發現個案有其他兒少保通報事由也應併予考量。不過，這並非以「看起來有此事由」即應予通報，仍然需要具備判斷該事由的事實基礎。

　提醒（兒少保通報事由）

1. 施用毒品、非法施用管制藥品或其他有害身心健康之物質。
2. 充當酒家、特種咖啡茶室、成人用品零售店、限制級電子遊戲場及其他涉及賭博、色情、暴力等經主管機關認定足以危害其身心健康之場所。
3. 遺棄；身心虐待；利用其從事有害健康等危害性活動或欺騙之行為；利用其身心障礙或特殊形體供人參觀；利用其行乞；剝奪或妨礙其接受國民教育之機會；強迫其婚嫁；拐騙、綁架、買賣、質押；強迫、引誘、容留或媒介其為猥褻行為或性交；供應其刀械、槍砲、彈藥或其他危險物品；利用其拍攝或錄製暴力、血腥、色情、猥褻、性交或其他有害身心健康之出版品、圖畫、錄影節目帶、影片、光碟、磁片、電子訊號、遊戲軟體、網際網路內容或其他物品；迫使或誘使其處於對其生命、身體易發生立即危險或傷害之環境；帶領或誘使其進入有礙身心健康之場所；強迫、引誘、容留或媒介其為自殺行為；其他對其或利用其犯罪或為不正當之行為。
4. 使 6 歲以下兒童或需要特別看護之兒童及少年獨處或由不適當之人代為照顧。
5. 未受適當之養育或照顧；有立即接受醫療之必要，而未就醫；遭受遺棄、身心虐待、買賣、質押，被強迫或引誘從事不正當之行為或工作；遭受其他迫害，非立即安置難以有效保護。
6. 遭受其他傷害之情形。

3.調查報告

　　兒少施用毒品等有害身心物質被歸類為「兒少保第2級案件」，其調查報告應於分級分類後三十天內做成。至於這份報告由哪一個單位負責，各縣市政府之規定有所不同，可能由公部門派案單位（如家暴防治中心、高風險中心）自行完成，也可能由民間委外團體製作（原則上，如果通報單位有社工服務在案或結案尚未超過六個月，就由該社工進行輔導、透過單一窗口進行，但非必然如此）。調查報告做成過程包括初篩、訪視評估，其目的在於決定之後是否開案，以及應導入何種輔導及處遇資源。

　　調查報告的初篩、訪視評估，通常是由社工完成，並以家庭為中心，關注個案的安全、風險與需求。先針對「個案資訊進行蒐集」，包括兒少主要照顧者是否有濫用藥物、酗酒等情形？主要照顧者是否有能力且有意願保護兒少安全？兒少及其家庭是否有其他需求或問題，須要社政單位協助？兒少是否在學？然後提出「調查評估結果及後續處置」，區分施用毒品等級、在學與否等，這部分可以參考臺北市社會局提供的調查報告範例（附件一）。

　　教師可以協助社工了解兒少個案在校園與家庭的生活情形，做成有效且符合個案狀況的評估結果。同時，教師也可以注意從分級分類後起算「三十日完成報告」的時間點，讓兒少了解流程運作及時間，且同步了解校安通報之後的春暉專案流程。最後，根據調查報告結果及各地開案標準（如是否中離或非在學、年齡是否為未滿18歲、毒品類型等），將決定是否開案，並決定提供何種服務及由何種單位提供處遇服務。

4.提供處遇

　　由於調查報告製作時間最長可能達三十日，再加上程序的往返時間耗費，如果確定開案，個案抵達實際提供處遇服務的社工手中的收案時間，距離通報日通常可能已經超過一個月。到這個時候，可能才開始有兒少保社工與教師接洽（情況還是以各地實際情形為主）。提供處遇服務的社工通常由

民間團體受政府委辦，執行處遇時間至少為六個月，將與兒少個案進行相關面訪及電訪。

在社工接手之後，將開始撰寫「處遇計畫表」，並且區分為「非在學」及「在學」，非在學兒少的處遇計畫表可參照本單元附件二；將詳細記錄個案資料、家庭概況（包括正式以及非正式資源）、施用毒品行為評估分析（包括毒品項目、施用情形、施用頻率及其習慣、來源以及相關戒治輔導紀錄）及其他偏差行為，並針對兒少及其家庭正向因子分析，在綜合評估與診斷後提出「處遇計畫與建議」，依此予以執行並隨時調整。

在此同時，亦設有「兒少工作（服務）紀錄表」，並且同樣區分為「非在學」及「在學」，非在學兒少工作（服務）紀錄表可參照本單元附件三。記錄社工逐次提供服務的內容（包括會談、心理輔導、戒治服務、資源連結等）及目標，也提供家長親職教育。最後，則將上述工作成果記錄於「兒少處遇計畫執行摘要表」（除了紀錄次數的摘要說明，也包括處遇目標與做法達成情形）。

在提供服務期間，社工通常會與個案、家長保持聯繫（服務對象也包括家長的親職教育）。如果個案仍然在校，在與社工取得共識之下，教師也能在一定範圍之內提供不少的協助。可能的協助方式有：協助社工了解個案家庭及就學狀況、陪伴並支援個案參與服務（如聆聽個案參與處遇服務或面臨司法的緊張心情）、協助社工建立兒少的行為規範（如穩定出席、參與服務）、協助社工與家長溝通合作，並避免個案的個人資料外洩（如避免在辦公室談論個案議題、接到相關聯絡電話移動至隱密性較高處交談），同時也謹慎處理兒少保服務與春暉專案之間的關係（如不能恣意將從兒少保服務輔導所得資料作為春暉專案管教之利用），儘量促成校園共同協作（如在班務之外，輔導與學務雙軌的互動關係）。甚至於在面臨司法處遇時提供協助與建議（如個案多次驗尿呈現反應，為少年保護官及少年法官所知，這可能會影響司法提供的處遇內容，此時教師可以提供個案穩定就學紀錄有助於做成

適切的處遇判斷）。

　　如果個案已經不在校，教師所能發揮之處確實少了許多，但就個案整合相關資訊提供（如過往輔導紀錄，尤其是前一階段的就學輔導檔案等），以及與個案家長交換意見的部分，仍然扮演一定的角色。另一方面，若個案不願到校，教師也可以與社工合作，協助轉向至其他社會福利服務提供處所、職業探索活動等，關於學生及家庭的社政單位輔導，請見本單元「三」說明。

5. 結案

　　經過社工提供處遇服務結案，各地服務單位容有差異（包括就業、家庭關係、生活穩定等），就少年輔導委員會部分，依照《少年輔導委員會設置及輔導實施辦法》第12條、第14條，其做成結案報告辦理結案之原因包括「經輔導成效評估為輔導目標已達成之案件」〔如案主經輔導六個月以上未再施用毒品、案主升（復）學達三個月以上〕、「輔導對象年滿十八歲，且現非少年保護事件或少年刑事案件之當事人」、「輔導對象死亡」、「已轉介至其他直轄市、縣（市）政府少輔會」、「於向少年法院提出請求後，少輔會應繼續輔導，並於報經少年法院指示無續行必要時」、「開案輔導案件有輔導對象行蹤不明經協尋或離開國境逾三個月者」等情況。建議教師能掌握結案狀況及時間，並且從中提供協助。

　　其中，值得一提的是「與少年法院之間的轉介關係」。如果兒少施用第一級或第二級毒品，移送少年法院處理；如果是施用第三級或第四級毒品，依照2023年6月修正之《少年事件處理法》，將原本「虞犯」改為「曝險少年」，施用第三級或第四級毒品屬於曝險少年，由少年輔導委員會結合福利、教育、心理、醫療等各類相關資源，施以適當期間的輔導。如評估確有必要，可請求少年法院處理。不過要特別留意，施用毒品時常伴隨著持有毒品，依照《毒品危害防制條例》，持有第三級或第四級毒品純質淨重超過「5公克」以上，仍是少年法院處理的範疇。

　　如果毒品案件涉及販賣毒品、轉讓毒品，那少年司法程序又更為重要。此時教師對於兒少出庭、接受處遇服務等，也應特別注意並給予協助（如於兒少必須出庭、接受處遇服務時協助請假，並避免其他同儕得知其案件情形）。關於少年司法程序的部分，將在本篇單元五說明。

 提醒（兒少保具體流程及教師協力要點）

1. 線上通報
- 描述個案避免過度偏重案情，應儘量描述個案情況（校園及家庭狀況）。

2. 分類派案
- 二十四小時內通報、二十四小時內分級，注意是否有其他兒少保情形須綜合考量。

3. 調查報告
- 協助社工了解兒少個案（校園及家庭狀況）。
- 注意分級分類後三十日內完成調查報告的時間點，可登入系統適度追蹤了解。
- 確定最後是否開案？屬於哪種服務類型？交由哪個單位提供處遇服務？

4. 提供處遇
- 在社工進行處遇計畫表規劃以及執行處遇期間提供諮詢與協助。
- 在與社工取得共識之下，陪伴並支援個案參與服務、協助社工建立兒少的行為規範、協助社工與家長溝通合作、避免個案的個資外洩、謹慎處理與春暉專案之間的關係、促成校園共同協助、面臨司法處遇時提供協助與建議、在需要時協助轉向其他社福處所等。

5. 結案
- 適度關心結案時間以適時提供協助，尤其須特別注意與少年司法之間的關係。

💡 提醒

依照《少年事件處理法》第 18 條及《少年輔導委員會設置及輔導實施辦法》第 8 條，對於少年有監督權人、少年之肄業學校、從事少年保護事業之機關或機構，發現少年有曝險之情形者（也就是少年有下列情形之一，而認有保障其健全自我成長之必要者：1. 無正當理由經常攜帶危險器械；2. 有施用毒品或迷幻物品之行為而尚未觸犯刑罰法律；3. 有預備犯罪或犯罪未遂而為法所不罰之行為），或者少年本人自己主動通知或請求者，都可以通知少年住居所或所在地的少年輔導委員會處理。少年輔導委員會要在受理後十四日內判斷是否開案輔導。

在 2023 年 7 月新法上路之後，全臺各地少年輔導委員會設有不同通報表單文件，教師可以至該地少年輔導委員會網站查詢。以新北市少年輔導委員會為例，對於已經明確有曝險行為事實者，可以透過填寫「新北市少年曝險行為通知／請求表」（本單元附件四）通知少年輔導委員會；如是有觸法行為、偏差行為或其他非曝險行為的情況，則可以填寫「新北市少年輔導委員會個案轉介單」（本單元附件五）進行轉介。教師在填寫上述表單文件時，除應依照各地少年輔導委員會需求填載，在通知／請求表載明曝險行為等，在轉介單說明家庭概況、個案類型、個案情形（包括已求助資源）及期待協助事項等，也應特別注意個人資料保密而以密件處理，並且遵守《兒童及少年福利與權益保障法》第 69 條等相關保密規定。

三、學生及家庭的社政單位輔導

在《學生輔導法》第 6 條規定的三級輔導的架構之下，校園內跟社工有比較多接觸的是輔導室以及教官。由於其他校園工作者較少有與社工業務往來，也就不太清楚如何在校園端與社政單位共同工作。其實，不只是身處校園輔導體系的工作者，職司班級經營的導師也可能接觸到用藥議題或者用

藥的少年；更不用說，部分學校的導師亦可能輪流擔任行政職或兼辦輔導業務。在這個角度之下，了解提供服務於用藥少年的社工工作，並且掌握如何與之合作，是重要的課題。

（一）處理用藥少年的社工在幹嘛？

　　對於身處在社區的社工來說，日常與少年有關的工作多半在處理其家庭內部的親子衝突及情感需求。除跟家長交流教養方式之外，也會儘量理解家長及少年身處其中的壓力。就家長面向來講，其可能背負沉重的經濟壓力與自身長輩的代間衝突，甚至有伴侶關係的議題。因此，當面臨少年用藥之問題時，家長往往已經應接不暇，像是三明治夾在中間般感到痛苦。這時候社工會調動資源或採取其他介入行動，緩解或調整結構性的問題。而從少年面向來講，則可能有著不被理解的情緒，或者在家庭及校園互動之中產生的壓力，也可能因為用藥而在精神狀態產生異狀。這時候社工通常會在家長能夠參與的情況下協助了解少年用藥情況及其原因，找尋適合的資源。

　　從此描述大概可以得知社工穿梭在家庭張力間的重要任務，而這幾乎可以說是社工的日常。比較抽象地來描述社工的任務，在個案輔導、情緒支持之外，也會連結資源，協助改善問題，這並不僅針對少年本身，還連帶包含其家庭及所身處的社區。因此，也會需要進行家庭現況分析，訪談了解少年及其在校適應狀況，同時處理就業輔導、生涯輔導、社會適應及法律諮詢問題。同樣是「人的工作」，社工不同於教師的地方在於，教師掌握校園內資訊，社工則理解校園外的動態。社工看到的世界不只是來自於家庭、來自於少年，還有來自於少年的同儕。這些較少被理解的人、甚或被外界認為「不要跟他在一起」的同伴，是影響或構成少年群體的重要關鍵。社工就是在跟家庭、少年及其同儕工作的往來之間，以家庭訪問及社區活動的形式，提供專業服務予案主，支持或促成其改變。

　　在同理了解、提供支持之外，我們多半會期待有機會促成改變，不少社

工也如此期待著。但這並不是件容易的事，對於少年及家庭來說都是如此。因此，社工通常不會批評不同的生活模式，或者急於設定目標；相反地，社工普遍採取透過與案主一起工作，了解其生活處境的方式，共同設想處遇方向並逐步調整。

　　針對用藥少年而言，社工對於青少年發展及其用藥文化具有豐富的理解，包括藥物使用方式、黑話、價格及文化，這多半來自實際互動經驗，有助於貼近案主的世界觀以提供協助。社工在調節少年不穩定生活之際，也同時逐步建立其生活常規，這包括提供藥物以外的生活體驗與刺激。社工在能夠理解不同世界觀及其生活情況之下，也比較能夠跟少年及其家庭工作，繼續提供案主支持或促成改變。另一方面，社工也擅長橫向連結社會福利補助、醫療衛生資源，在就學、就醫、就養方面尋找適合的資源，實質提供少年協助。

（二）如何與社工合作

　　在校園端與社工合作時會有不同的任務。但是在整體運作上，建議教師可以留意以下三大原則：「合作原則」、「保密原則」、「互信原則」。

1.合作原則

　　合作說來容易，但具體如何執行，卻是項大哉問。在此，僅就分工部分稍做說明。如前所述，教師可以大致掌握服務用藥少年社工的工作內容，並適時與其合作，而教師也有社工無法取代的職責，不能通盤委諸社工處理。而根據前述各項法規流程的描述，讀者也可以理解到教師並無法自外於校園用藥議題。

　　在前述程序配合及輔導協力的規範之外，教師處理校園用藥議題時，既要讓不同專業者能夠共同提供服務，也要讓自己成為其他專業者的資源並展開合作，才能讓每個角色都儘量發揮功能。此外，「維護學生受教權」更是教師不可怠忽的核心職責。當面臨包含司法程序在內的各項流程及輔導工

作，作爲提供學生教育內容的學校教師，都要時刻注意如何保障學生的受教權（如協助安排輔導時間於非課堂授課時間、考量授課安排協助辦理請假程序以便出庭、適時提供不同類型的教學資源供學生利用），讓學生能夠持續學習。

2. 保密原則

　　在符合倫理及隱私的界限之下，教師與社工討論個案情況時可能會涉及個案資訊的交流。其中，部分資訊可能來自於社工的觀察，也可能來自於個案的吐露。當少年得知其分享給社工的資訊被原封不動地外傳，不免會造成關係的破裂；必須要特別注意的是，在此所指的「資訊」不一定要到多嚴重的私密程度才要保密，包括少年跟誰交往、跟誰吵架，都可能是少年生活的重要資訊，是其珍貴的秘密。如果教師爲了表示關心或與少年建立連結，就將社工提供的上述資訊予以轉述，是有所不當的。其實不只是少年，假設是你、我聽到這種「抓耙子」的行爲應該也很反感吧？亦會因此破壞社工建立起來的關係。當然，這不是鐵律，如果該資訊涉及危害生命安全，依照社工及教師專業倫理，本來就有以保護生命爲優先的倫理要求。

　　在了解個案資訊之後，也有很多「說出去」以外的具體做法，包括以「我觀察到……」等較爲間接的方式表達關心及介入的意願，又或者透過陪伴相處及其他更細膩的方式讓少年願意主動說出來，這些都是可行的方法。在此同時，我們也了解教師在教學現場需要顧及不同學生的狀態、有著不小的負擔，可能在具體操作上並不容易，而會希望能夠儘快用「口頭」的方式溝通，甚至正處於情緒高昂情況難以進行對話。如果遇到這些情況，建議教師不妨放下「一定要完成什麼」的心情，先與社工共同討論整體的策略，集思廣益找到更適合的做法。換句話說，保密原則不是死板的要求，而是一種體察與體諒，並且透過維持關係的方式繼續產生更多連結，更爲謹愼地陪伴或創造少年的改變。

3. 互信原則

　　不只是社工在處理個案時會取得資訊，教師在校園場合或是與少年、家長接觸的過程之中也會掌握動態、發現不少問題，有些甚至是問題的解方。不過，教師可能會擔心吐露這些資訊所招致的風險，不只對於少年，還包含是否會讓教師引來非議。畢竟在校園社群之中，師生彼此認識，傳出流言蜚語在所難免。這時候教師就可能傾向於不向他人吐露資訊。

　　這樣的擔心是可以被理解的，不過在此也想要提醒：如果教師在面臨問題的當下，能夠在互信的基礎上，帶入團隊的概念與社工的專業服務，不僅可以免去擔心，也有助於解決問題，或者至少有更多人能夠共同參與來解決問題。如果這些資訊沒有機會釋出，可能就會使得改變的機會流失，甚至讓問題擴大化。從而，建立適當的互信基礎，可以掌握並利用資訊來促成正向結果。

【附件一】
兒少遭其他不當對待－2-3 類兒少施用毒品調查報告

案號	

- 通報來源
- 通報人
- 受理通報
- 案主基本資料
- （疑似）違反人／嫌疑人基本資料
- 通報事由
- 案情摘要
- 受案資訊蒐集

(1) 兒少先前是否有遭受父母、監護人、實際照顧之人或其他家庭成員虐待、不當對待或疏忽的紀錄（含兒少保護、高風險、脆弱家庭通報）？ ○否，○是（○ 1～2 次○ 3 次以上）
(2) 兒少主要照顧者是否有家暴的紀錄？ ○否，○是（○ 1～2 次○ 3 次以上）
(3) 兒少主要照顧者是否有濫用藥物（吸毒）、酗酒或精神疾病等問題？ ○否　○是：＿＿＿＿＿＿
(4) 兒少主要照顧者是否有能力，且有意願保護兒少安全，且不讓嫌疑人接近兒少？ ○否　○是：＿＿＿＿＿＿
(5) 兒少及其家庭是否有其他需求或問題，須要社政主管機關協助？ ○否　○是：＿＿＿＿＿＿
(6) 兒少是否在學？ ○否　○是：＿＿＿＿＿＿
受案資訊蒐集紀錄 （以上受案評估指標未填答者，請於下方欄位說明各項指標無法於調查期間蒐集到相關資訊的原因。）

- 本案調查評估結果及後續處置
□未發現施用毒品
□有施用毒品

□個案爲在學學生

□ (1) 涉及施用第 2 級以上毒品，由教育單位依各級學校特定人員尿液篩檢及輔導作業要點納入學校「春暉小組」施予輔導。
□ (2) 單純施用第 3 級、第 4 級毒品，由教育單位依各級學校特定人員尿液篩檢及輔導作業要點納入學校「春暉小組」施予輔導。

□個案 15 歲以上非在學

□ (1) 涉及施用第 2 級以上毒品，按少年事件法處理流程辦理。
□ (2) 單純施用第 3 級、第 4 級毒品。
　　□開案 □由縣市政府自行提供輔導 □委託民間團體提供輔導
　　　□新建案號：（系統自動新建案號）
　　　□處遇中個案，合併案號：
　　□不開案，其原因爲（單選）：
　　　□轉介其他服務單位□個案安置中□個案因他案在矯正機構中□併入其他保護處遇處理□個案死亡□已結案個案被通報過往歷史事件□電話或地址有誤，無法聯繫□非屬本轄案件，已轉他轄處理□其他，請說明：＿＿＿＿＿＿＿＿

■提供家長親職教育情形

□ (1) 一般性
□ (2) 強制性（依兒童及少年福利與權益保障法第 102 條，命父母、監護人、或實際照顧兒少之人接受親職教育輔導）（**後續裁罰確認者，請於本調查報告夾內新增「兒少保護個案行政處分裁處情形」表**）
□不提供，原因（請說明）：〔勾選不提供，必說明原因〕

附相關事證資料：□通報表□驗傷單□照片□其他：

	核章	意見
社工人員		
督導人員		
主管人員		

【附件二】

非在學兒少處遇計畫表

個案案號：＿＿＿＿＿＿＿　　　　（訪查）填表日期：　　年　　月　　日

填表人員：

□縣（市）府主責人員：＿＿＿＿單位；姓名＿＿＿＿（可讓縣市建立單位名單勾選）

□委外單位：＿＿＿＿＿＿單位；姓名＿＿＿＿＿（可讓縣市建立單位名單勾選）

一、個案資料

在學情形	□未在學：□國中畢業後未升學、□高中（職）休學、□高中（職）中途離校 □在學：就讀學校：＿＿＿＿（在學情形：□中輟）
教育程度	□學齡前□國小□國中□高中（職）□專科 就讀學校：＿＿＿＿＿＿＿
就業情形	□未就業 □就業（□全職□部分工時），請說明：＿＿＿＿＿＿＿＿
是否為身心障礙者	□否 □是（□肢障□視障□聽障□聲（語）障□智障□精神病患□多重障礙□其他，請說明：＿＿＿＿＿＿＿＿＿＿＿＿＿）
居住情形	□與家人或親友同住（□與祖父母同住□與父母同住□與父同住□與母同住□與親友同住□其他，請說明：＿＿＿＿＿）□與朋友同住□安置□獨自生活

二、家庭概況

家系圖及生態圖	補充說明家庭成員之年齡、國籍別、教育程度、就業情形、是否身心障礙、是否有物質濫用或其他犯罪及成員關係等
家庭經濟概況	□低收入戶（符合社會救助法第 4 款規定） □中低收入戶（符合社會救助法第 4-1 款規定） □其他，請說明：＿＿＿＿＿
家庭管教概況	至少含對兒少施用毒品行為的看法：

家庭資源	現有非正式資源： 現有正式資源：
其他	如生活環境概述或重大事件等

三、施用毒品行為評估分析

施用毒品行為	毒品項目	□第 1 級（＿＿＿＿）、□第 2 級（＿＿＿＿）、 □第 3 級（＿＿＿＿）、□第 4 級（＿＿＿＿）
	施用情形	□本次為初次施用　□非初次施用　□初次施用年齡＿＿歲
	最近 1 次施用時間	□超過 1 年、□半年至 1 年、□ 3 個月至半年、□ 1 個月至 3 個月、□ 1 個月以內
	施用頻率	□本次為初次施用 □ 1 週至少 1 次、□ 1 個月 1 次、□ 3 個月 1 次、□半年 1 次
	施用習慣	□多為單獨、□多與他人相約（對象：□同儕友人□親屬□男女朋友□其他，請說明：＿＿＿＿）
	毒品來源	□自行購買、□他人提供（對象：□同儕友人□親屬□男女朋友□其他，請說明：＿＿＿＿）
	戒治輔導紀錄	□未曾戒治輔導□曾戒治輔導（戒治輔導單位：□春暉小組、□其他，請說明：＿＿＿＿）
其他物質濫用情形		□否 □是（□菸、□酒、□檳榔、□其他，請說明：＿＿＿＿）
其他偏差行為		□否 □是（□逃家、□加入幫派、□自殺、□其他，請說明：＿＿＿＿）
其他補充		

四、兒少及其家庭正向因子分析
五、綜合評估與診斷
六、處遇計畫與建議

處遇目標與作法：

處遇目標與作法應盡量具體（Specific）及可測量（Measurable），並具備可達成性（Achievable），以結果為導向（Result-focused and Relevant），並有時間期程（Time-limited）。

目標—有關理想情境或問題解決後情境的描述。

作法—有關達成目標的具體行動的描述。

目標	作法	預訂完成日期

	核章	意見
社工人員		
督導人員		
主管人員		

【附件三】

非在學兒少工作（服務）紀錄表

個案案號：＿＿＿＿＿＿＿　　　　（訪查）填表日期：　　年　　月　　日

一、服務提供者：

□主責人員：
□縣市政府   □民間團體
□協請網絡單位服務
□社福□醫療□教育□司法□警政□民政□其他，請說明：＿＿＿＿
■本次由＿＿＿＿（所屬單位名稱），＿＿＿＿（姓名）＿＿＿＿（職稱）提供服務

二、服務提供時間：○年○月○日

三、服務對象：

□案主
□父親□母親□案兄□案姐□案弟□案妹□其他成員，請說明：＿＿＿＿

四、服務提供方式及項目：

□會談
1. 會談方式：□面訪□非面訪（□電話□其他通訊設備，請說明：　　）   2. 會談人數：□個別會談□家庭會談
■目標：   ■摘要：至少含地點及會談內容等
□心理輔導及治療
□個別心理輔導及治療□團體心理輔導及治療□家族治療
■目標：   ■摘要：第一次應記錄自○（時間）起，由○（治療者姓名）於○（地點）接受○次治療輔導；第二次起，記錄治療內容摘述；最後一次，除記錄當次治療內容摘述，應對整體療程綜合評估意見

□戒治服務

> □藥癮戒治□酒癮戒治
>
> ■目標：
> ■摘要：第一次應記錄自○（時間）起，於○（地點）接受○形式（住院或門診）戒治；第二次起，記錄第○次個案是否出席、有無特殊狀況；最後一次，要增加整體療程綜合評估意見

□團體活動

> □體驗教育□休閒活動□其他活動（請說明：＿＿＿＿）
>
> ■目標：
> ■摘要：至少含參與時間、活動地點、參與對象、觀察活動中個案反應情形、活動對於個案影響等

□外展活動

> ■目標：
> ■摘要：至少含時間、地點及服務內容等

□資源連結

> 1. 工作對象
>
> > □社福□醫療□教育□司法□警政□勞政□民政□其他，請說明：＿＿＿＿
> >
> > ■工作對象為　　　　（所屬單位名稱），　　　　（姓名）　　　　（職稱）
>
> 2. 工作項目
>
> > □就學服務
> > □就業服務
> > □經濟扶助（□低收入戶生活扶助□中低收入戶兒童及少年生活扶助□弱勢兒少緊急生活扶助□弱勢兒少醫療補助□急難扶助□托育補助□租金補助□民間慈善團體資助□其他）
> > □其他，請說明：＿＿＿＿
> >
> > ■目標
> > ■摘要

□其他服務，請說明：＿＿＿＿

五、工作或服務附件（上傳）

	核章	意見
社工人員		
督導人員		
主管人員		

【附件四】

新北市少年曝險行為通知／請求表

案號：（承辦單位填寫）

通知／請求日期：

＊密件	請傳新北市政府少年輔導委員會 電話：(02)2955-7218　　　　傳真：(02)2955-7003 收件電子信箱：yccntpc@gmail.com
通知／請求 來源	一、通知請求者姓名／職稱、稱謂：＿＿＿＿＿＿＿＿ 二、通知請求者單位：（請勾選並填寫所屬單位名稱） 　　□司法：＿＿＿法院／檢察署　□教育：＿＿＿＿＿＿＿學校 　　□警政：＿＿＿分局／派出所　□監督權人少年的：＿＿（關係） 　　□從事少年保護機關（構）：＿＿＿＿＿＿＿＿＿＿ 　　□少年本人：　　　　　　　□其他：＿＿＿＿＿＿＿＿ 三、通知請求聯繫電話：＿＿＿＿＿＿＿＿＿＿＿＿
少年曝險 行為 （不得空白）	一、依少年事件處理法第 3 條第 1 項第 2 款（請勾選） 　　□無正當理由經常攜帶危險器械 　　□有施用毒品或迷幻物品之行為而尚未觸犯刑罰法律 　　□有預備犯罪或犯罪未遂而為法所不罰之行為 二、曝險行為發生時間：＿＿年＿＿月＿＿日＿＿時＿＿分 三、曝險行為發生地點：＿＿＿＿＿＿＿＿＿＿＿＿＿ 四、曝險行為簡述：＿＿＿＿＿＿＿＿＿＿＿＿＿＿＿

少年姓名		生理性別	□男 □女	國籍別	□本國籍 □外國籍：
出生日期	＿年＿月＿日	身分證字號 或居留證號 及護照號碼			
少年聯絡 方式	住家電話：　　　　行動電話：　　　　其他：（LINE／臉書／IG等）				
少年戶籍 地址					
少年居住 地址					

就學或就業狀況	□有學籍：□在學，學校／科系：＿＿＿＿＿年級：＿＿＿＿＿□休學 □無學籍：最近曾就讀學校／科系：＿＿＿＿年級：＿＿＿＿ □就業中：職業類別：＿＿＿＿＿＿＿＿＿				
少年監護人 （主要 照顧者）		關係		聯絡 電話	住家電話： 行動電話：

評估受理（承辦單位填寫）
□受理： 　一、居住於本轄且符合曝險行為要件 　　　□無正當理由經常攜帶危險器械 　　　□有施用毒品或迷幻物品之行為而尚未觸犯刑罰法律 　　　□有預備犯罪或犯罪未遂而為法所不罰之行為 　二、受理日期：＿＿＿＿＿＿＿＿＿＿＿＿ 　三、派案組別或少輔員姓名：＿＿＿＿＿＿ □不受理，於○年○月○日通知原通知或請求之機關（構）、學校或個人： 　一、敘明不受理原因：＿＿＿＿＿＿＿＿＿＿＿＿＿＿＿＿＿ 　二、處理： 　　　□於○年○月○日轉介至＿＿＿＿＿（政府）少輔會 　　　□於○年○月○日轉介至＿＿＿＿＿機關（構）輔導、學校提供必要協助

承辦人	審核	決行

本案已於＿＿年＿＿月＿＿日受理，請於＿＿年＿＿月＿＿日（14日內）前完成開案評估。
備註： 一、請注意兒童及少年福利與權益保障法第69條保密事宜。 二、少年輔導相關機關指以對個案之教育輔導、保護扶助、服務轉介及督導等為業務，而服務對象涵蓋少年之直轄市、縣（市）政府所屬機關；少年輔導相關機構指經直轄市、縣（市）政府核准設立，而服務對象涵蓋少年之社會福利機構。 三、檢附相關佐證資料：＿＿＿＿＿＿＿＿＿＿＿＿＿＿＿＿＿＿

【附件五】

新北市政府少年輔導委員會個案轉介單

112.07.06 修訂

轉介日期： 年 月 日

<table>
<tr><td rowspan="6">一、少年基本資料</td><td>姓名</td><td></td><td>出生日期</td><td></td><td colspan="2">身分證統一編號</td><td></td></tr>
<tr><td rowspan="2">聯絡電話</td><td rowspan="2"></td><td>□男</td><td colspan="4">□在學中　□非在學　□不詳</td></tr>
<tr><td>□女</td><td colspan="2">就讀學校：</td><td colspan="2">科系／年級：</td></tr>
<tr><td>戶籍地址</td><td colspan="6"></td></tr>
<tr><td>居住地址</td><td colspan="6"></td></tr>
</table>

<table>
<tr><td rowspan="4">二、家庭概況描述</td><td colspan="2">家長／主要照顧者姓名</td><td></td><td>與少年之關係</td><td></td></tr>
<tr><td colspan="2">聯繫方式（電話或信箱）</td><td></td><td></td><td></td></tr>
<tr><td colspan="5">家庭組成□雙親□單親□隔代教養□親屬（關係：＿＿＿）□不詳□其他＿＿＿</td></tr>
<tr><td colspan="5">家庭概況（可附上家系圖）</td></tr>
</table>

<table>
<tr><td rowspan="13">三、個案類型</td></tr>
<tr><td>（一）觸法行為：</td></tr>
<tr><td>（二）偏差行為：</td></tr>
<tr><td>□與有犯罪習性之人交往。</td></tr>
<tr><td>□參加不良組織。</td></tr>
<tr><td>□加暴行於人或互相鬥毆未至傷害。</td></tr>
<tr><td>□藉端滋擾住戶、工廠、公司行號、公共場所或公眾得出入之場所。</td></tr>
<tr><td>□於非公共場所或非公眾得出入之職業賭博場所，賭博財物。</td></tr>
<tr><td>□深夜遊蕩，形跡可疑，經詢無正當理由。</td></tr>
<tr><td>□以猥褻之言語、舉動或其他方法騷擾他人。</td></tr>
<tr><td>□無正常理由跟追他人，經勸阻不聽。</td></tr>
<tr><td>□損及他人權益或公共秩序之行為。</td></tr>
<tr><td>（三）其他類型：（請具體說明）
註：少年如有曝險行為請填寫「新北市少年曝險行為通知／請求表」進行轉介</td></tr>
</table>

四、個案摘要	（一）個案狀況概述： （二）目前因應作為或處遇進度： （三）已求助資源： □法院：　　　地院　　　股　　□社福單位：＿＿＿＿＿ □警政單位：＿＿＿＿＿　　　　□教育單位：＿＿＿＿＿ □衛政單位（醫療）：＿＿＿＿　□其他：＿＿＿＿＿
五、期待協助事項	（一）轉介原因： （二）期待協助服務： □個案輔導　□情緒管理　□資源連結：＿＿＿＿＿＿＿ □協助就學　□親密關係　（就業、就醫、諮商、經濟、成癮戒治等各種資源） □就業培力　□親子關係　□陪同服務：＿＿＿＿＿＿＿ □法令宣導　□人際互動　（就業、就醫、諮商、司法程序等各種處遇陪伴） □其他事項：＿＿＿＿＿＿＿＿＿＿

轉介單位		聯絡電話	
承辦人／轉介人		主管／督導	

請 Email 至 yccntpc@gmail.com
並撥打 (02)2266-5750 分機 5082 來電確認，謝謝！
本表涉及重要個資，請予以保密！

單元五

司法程序：少年司法與校園的互動

許嘉菱

　　少年法院（地方法院少年法庭）的案件來源通常是經司法警察移送，或是經少年監護人、肄業之學校、從事少年保護的機構請求少年法院處理等。不論案件來源為何，相關程序均以《少年事件處理法》為主。一般民眾聽到要上法院，不免會感到緊張，更遑論少年的社會經驗不多，對事情往往有特別的想像，因此可能會有很多疑問：「老師，我會被關嗎？」、「聽說被關會理光頭耶」、「我朋友說我抽 K 菸應該沒事……」。若少年原本就是學校長期輔導的個案，實不得已才請求法院處理，此時教師難免會遭遇來自家長的質疑：「你們為什麼要讓我的孩子人生留下污點？」、「送法院，你們是要毀了他／她嗎？」、「我工作已經夠忙了，為什麼要給我找麻煩？」

　　第一線的教師經常是最想要拉住學生的工作者，但面對學校政策的要求、少年脫序的反應、家長的情緒反應或質疑。在此情形下，教師已承受許多壓力，如今又面臨陌生的司法程序，可能更感到無助。然而多元網絡的存在，共同目標即是一起協助少年。以下說明少年司法的相關程序、內涵以及與校園的互動關係，希望能提供教師一些指引，在面對少年及家長的時候可以給予有力的應對，建立正向的合作關係。

一、不同藥物濫用行為樣態的少年司法程序

（一）施用第一級、第二級毒品的觀察勒戒與少年保護事件

　　針對施用第一級、第二級毒品的少年，少年法院可以依據《毒品危害防制條例》第 20 條第 1 項裁定「觀察、勒戒」，但也可以依據《少年事件處理法》以「保護事件」處理。「觀察、勒戒」是指將少年送入勒戒所（基於成年與少年分離原則，實務上多是將少年送入少年觀護所）進行二個月內的「觀察、勒戒」，再評估其是否有繼續施用的傾向，裁定有無「強制戒治」的必要。然而對於初犯、生理成癮性非屬強烈的少年，一般來說還是會希望先將少年留在社區內進行輔導，儘量採取非剝奪自由的方式，減少司法對少年生活的負面影響，因此大部分還是以《少年事件處理法》第 42 條[3]的「保護處分」為主，採取訓誡並予以假日生活輔導、保護管束、安置輔導、感化教育作為主要的處遇方式請見本單元二（四）。

（二）施用第三級、第四級毒品的行政先行

　　我們可能經常聽到「抽 K 菸只有罰錢跟上課而已」這類的說法，這是因為《毒品危害防制條例》第 11 條之 1 第 2 項規定：「無正當理由持有或施用第三級或第四級毒品者，處新臺幣一萬元以上五萬元以下罰鍰，並應限期令其接受四小時以上八小時以下之毒品危害講習。」然而同條第 3 項規定：「少年施用第三級或第四級毒品者，應依少年事件處理法處理，不適用

---

[3] 《少年事件處理法》第 42 條第 1 項、第 2 項：「（I）少年法院審理事件，除為前二條處置者外，應對少年以裁定諭知下列之保護處分：一、訓誡，並予以假日生活輔導。二、交付保護管束並得命為勞動服務。三、交付安置於適當之福利、教養機構、醫療機構、執行過渡性教育措施或其他適當措施之處所輔導。四、令入感化教育處所施以感化教育。（II）少年有下列情形之一者，得於為前項保護處分之前或同時諭知下列處分：一、少年施用毒品或迷幻物品成癮，或有酗酒習慣者，令入相當處所實施禁戒。二、少年身體或精神狀態顯有缺陷者，令入相當處所實施治療。」

前項規定。」也就是說抽 K 菸的未滿 18 歲之人，屬於《少年事件處理法》第 3 條[4]第 1 項第 2 款所稱的「曝險少年」，這類少年從 2023 年 7 月 1 日起，會先交由縣市政府所屬的少年輔導委員會進行輔導，如評估確有必要，亦可請求少年法院處理，但若行政輔導已有成效，少年回歸正常生活，即無需再以司法介入，此為「行政輔導先行，以司法為後盾」的模式。

4　《少年事件處理法》第 3 條：「（Ｉ）下列事件，由少年法院依本法處理之：一、少年有觸犯刑罰法律之行為者。二、少年有下列情形之一，而認有保障其健全自我成長之必要者：（一）無正當理由經常攜帶危險器械。（二）有施用毒品或迷幻物品之行為而尚未觸犯刑罰法律。（三）有預備犯罪或犯罪未遂而為法所不罰之行為。（II）前項第二款所指之保障必要，應依少年之性格及成長環境、經常往來對象、參與團體、出入場所、生活作息、家庭功能、就學或就業等一切情狀而為判斷。」

《少年事件處理法》第 18 條：「（Ｉ）司法警察官、檢察官或法院於執行職務時，知有第三條第一項第一款之事件者，應移送該管少年法院。（II）司法警察官、檢察官或法院於執行職務時，知有第三條第一項第二款之情形者，得通知少年住所、居所或所在地之少年輔導委員會處理之。（III）對於少年有監督權人、少年之肄業學校、從事少年保護事業之機關或機構，發現少年有第三條第一項第二款之情形者，得通知少年住所、居所或所在地之少年輔導委員會處理之。（IV）有第三條第一項第二款情形之少年，得請求住所、居所或所在地之少年輔導委員會協助之。（Ｖ）少年住所、居所或所在地之少年輔導委員會知悉少年有第三條第一項第二款情形之一者，應結合福利、教育、心理、醫療、衛生、戶政、警政、財政、金融管理、勞政、移民及其他相關資源，對少年施以適當期間之輔導。（VI）前項輔導期間，少年輔導委員會如經評估認由少年法院處理，始能保障少年健全之自我成長者，得敘明理由並檢具輔導相關紀錄及有關資料，請求少年法院處理之，並持續依前項規定辦理。（VII）直轄市、縣（市）政府少年輔導委員會應由具備社會工作、心理、教育、家庭教育或其他相關專業之人員，辦理第二項至第六項之事務；少年輔導委員會之設置、輔導方式、辦理事務、評估及請求少年法院處理等事項之辦法，由行政院會同司法院定之。（VIII）於中華民國一百十二年七月一日前，司法警察官、檢察官、法院、對於少年有監督權人、少年之肄業學校、從事少年保護事業之機關或機構，發現少年有第三條第一項第二款之情形者，得移送或請求少年法院處理之。」

（三）販賣毒品的少年刑事案件

　　有些成年人會教唆少年去當幫忙攬客、跑腿、交易毒品的「小蜜蜂」、「鳥仔」，並告訴他們：「你還沒 18 歲都是用少年法，不會被判刑，所以沒有關係。」但這些只是欺騙少年的話術，完全是錯誤的觀念。[5]對於觸犯重罪（最輕本刑五年以上有期徒刑）的少年，《少年事件處理法》第 27 條[6]規定少年法院應裁定移送檢察官，如果檢察官認為依偵查之結果，以不起訴處分而受保護處分為適當者，得為不起訴處分，移送少年法院依少年保護事件審理；認應起訴者，應向少年法院提起公訴。如果少年被起訴，此種少年刑事案件仍會在少年法院依據《少年事件處理法》的程序進行，其偵查與審判亦準用少年保護事件相關規定，但因為販毒屬於重罪，少年雖然有獲得緩刑並付保護管束的機會，但也很有可能會被判刑，被判刑之後，少年受刑人將會被送到矯正學校（高雄的明陽中學）執行有期徒刑，若刑期很長，少年受刑人得依其教育需求收容於矯正學校至滿 23 歲為止，再移置成人監獄繼續執行。[7]

---

[5]　推薦閱讀：李雪莉、楊智強（2020），〈「鳥仔」與「小蜜蜂」──那些跨境運毒的囚困少年〉，《報導者》，7 月 13 日，https://www.twreporter.org/a/asia-pacific-transnational-drug-trafficking-chain-youth-traticker。

[6]　《少年事件處理法》第 27 條：「（I）少年法院依調查之結果，認少年觸犯刑罰法律，且有左列情形之一者，應以裁定移送於有管轄權之法院檢察署檢察官：一、犯最輕本刑為五年以上有期徒刑之罪者。二、事件繫屬後已滿二十歲者。（II）除前項情形外，少年法院依調查之結果，認犯罪情節重大，參酌其品行、性格、經歷等情狀，以受刑事處分為適當者，得以裁定移送於有管轄權之法院檢察署檢察官。（III）前二項情形，於少年犯罪時未滿十四歲者，不適用之。」

[7]　《監獄行刑法》第 4 條：「（I）未滿十八歲之少年受刑人，應收容於少年矯正學校，並按其性別分別收容。（II）收容中滿十八歲而殘餘刑期未滿三個月者，得繼續收容於少年矯正學校。（III）滿十八歲之少年受刑人，得依其教育需要，收容於少年矯正學校至滿二十三歲為止。（IV）前三項受刑人滿二十三歲而未完成該級教育階段者，得由少年矯正學校報請監督機關同意，收容至完成該級教育階段為止。（V）本法所稱少年受刑人，指

二、如何與少年法院共同協助少年健全成長

（一）認識「少年調查官」與「少年保護官」

1.「少年調查官」與「少年保護官」的工作

　　《少年事件處理法》於 1997 年 10 月 29 日修法後，「少年觀護人」已依職務之不同而改稱為「少年調查官」及「少年保護官」。要投入這份工作必須先通過「特種考試司法人員三等考試觀護人類科」國家考試，其考試科目包含《刑法》、《少年事件處理法》、《刑事訴訟法》與《保安處分執行法》、心理學（包括心理測驗）、諮商與輔導、犯罪學等科目。由此可知，其所需專業知識多元，以便因應青少年非行的複雜成因以及身心發展的各種處遇需求。

　　當少年有觸法行為或曝險情形而被移送到少年法院後，便會交由「少年調查官」進行審前調查並製作調查報告，作為法官在審理過程中裁定處分的重要參考，而後續所裁定的保護處分則交由「少年保護官」來執行。目前大部分法院的少年調查官都身兼少年保護官，必須兼做審前調查並執行後續處分，因此常又被稱為「調保官」。

2.如何查詢或聯繫少年的調保官

(1) 詢問少年及家長

　　因為少年事件保密，非為少年利益或經其同意不得任意提供，法院文書均係寄給當事人，即少年及其法定代理人，因此最保險的方式便是詢問少年及其家長是否願意告知。少年及家長可以在法院的通知單上面（通常是右上角）得知少年調查官的所屬「股別」與電話「分機」資訊。

犯罪行為時未滿十八歲之受刑人。（VI）第一項至第四項所定少年受刑人矯正教育之實施，其他法律另有規定者，從其規定。」

(2) 查詢法院電話分機

少年事件係由各地方法院的少年法庭處理，在高雄則是由高雄少年及家事法院處理，因此可以透過搜尋引擎查詢各地方法院、少年法院的網頁，應有記載法院總機、各科室分機電話號碼，如需討論少年事宜而欲聯繫調保官，可以查找各法院所屬「調查保護室」的電話與分機，逐撥電話詢問。

(3) 使用法院對口查詢單

部分法院在其網頁的「便民服務」、「書狀範例及申請書」專區設有「案件對口查詢單」，教師或社工可以填寫基本資料、查詢原因並檢附相關證明後傳真至法院，便會有專人回覆承辦該案件的調保官股別與聯繫方式。

（二）審前調查期間

在案件開庭前，少年與家長通常會先接到少年調查官的通知，請少年與家長到校申請學行資料（包含學期成績、獎懲紀錄、出缺席紀錄）並填妥問卷表格以及自傳，備妥這些資料後依照指定時間到法院與少年調查官進行晤談。若少年或家長有向教師詢問，教師可以協助其向教務處或學務處調取相關紀錄，並指引少年如何透過自傳介紹自己的個性、興趣、家庭互動、校園生活、人際關係、對案件的始末描述與想法，這些資料都有助於少年調查官更加了解少年。教師也可以安撫家長的情緒，使其知悉這是少年司法的必要程序，不論案件輕重，少年法院都會盡力去了解每一位少年的情況。若少年有閱讀書寫的困難，或是有精神或心智障礙無法為完全之陳述，也可以透過通知書上面的聯絡資料，預先與少年調查官聯繫，以使在調查前做特殊的安排或請專業人士（如特教教師、通譯）協助。

在調查的過程中，少年調查官會透過資料蒐集與個別晤談、親子晤談來了解少年的品格、經歷、身心狀況、家庭情形、社會環境、教育程度以及其他必要之事項；若有需要也會將少年交由法院的心理測驗員進行賴氏人格測驗、父母管教態度等測驗。每次的調查時間依據少年成長歷程複雜程度不

同，大約會在一至三個小時不等，因此少年與家長若有向學校請假，可以請他們依照法院通知至少預留一個上午或下午的完整時間，避免行程過於倉促。

　　在經過與少年及家長的晤談後，少年調查官通常在開庭前還會安排時間進行家庭訪問或學校訪問，以了解少年的住家環境或在校表現。若案件發生地點即在學校，或是少年在校有明顯的適應問題，調查官可能會先與少年的導師或輔導教師聯繫，以公文函請學校提供輔導紀錄或約定時間到校了解少年在學校的學習狀況、人際關係、生活常規，並詢問學校目前對於該位少年的處遇情形（是否有輔導教師固定晤談、導師與生教教師或教官的觀察、春暉專案執行狀況、校方的綜合意見）等。若少年行為在開庭前有變，或是有特殊情形需讓法院知悉，教師也可以主動聯繫少年調查官。

（三）開庭審理期間

1. 協商式審理

　　少年法庭的設置與我們在電視劇所看到的法庭有很大的不同，少年保護法庭是圓桌、平臺式的設計，法官與其他司法人員也不著法袍，比較像是大家一起坐下來開會，由法官主導，在少年調查官、少年、少年的法定代理人或現在保護少年之人及輔佐人的共同參與下，一起討論、溝通來尋求對於少年最有效的輔導矯治方式；並非單純只關注少年所觸犯的法律，而是去了解目前少年的生活情況、風險因子，研議能夠協助少年健全成長的最佳處遇。[8]

　　若少年的情況比較複雜，也需要多重資源的協助，《少年事件處理法》在 2019 年 5 月 31 日修正後新增第 42 條第 5 項規定：「少年法院為第一項裁定前，認有必要時，得徵詢適當之機關（構）、學校、團體或個人之意

---

[8]　參考影音：Judicial Yuan 司法院影音（2016），《天秤的人生——少年事件》，https://www.youtube.com/watch?v=wttxEWGHHY4。

見，亦得召開協調、諮詢或整合符合少年所需之福利服務、安置輔導、衛生醫療、就學、職業訓練、就業服務、家庭處遇計畫或其他資源與服務措施之相關會議。」為了因應此種橫向聯繫、多元資源整合的需求，2020 年 8 月 27 日由司法院會同行政院公布《少年法院與相關機關處理少年事件聯繫辦法》，其中第 6 條、第 7 條[9]明定各單位應本於權責提供少年各項處遇措施，保障少年就養、就學、就醫及就業之權益。

　　在協商式審理與處遇多樣性的理念下，學校教師可能是以證人身分被傳喚到庭，也有可能是被依法通知到庭參與諮詢會議；少年法院除了想了解少年在校表現、對於學校管束的配合狀況，也會希望學校表示意見或提供相關教育、諮商輔導資源，在這個開庭的過程中督促少年更加積極地投入校園生活、遵守校規，並將少年的相關表現作為未來裁定處遇的重要參考。

---

[9] 《少年法院與相關機關處理少年事件聯繫辦法》第 6 條：「（I）少年法院、少年調查官及少年保護官執行職務時，得請相關機關、學校、醫療機構或其他機構、團體依其業務權限為必要之協助。（II）前項協助，包括提供與處理少年事件有關之資料、少年及其家庭所需之資源、保護措施或其他必要事項，被請求之機關（構）、學校或團體應積極處理，並本於權責持續提供少年及其家庭必要之福利服務、保護、安置、輔導、自立生活、衛生醫療、教育、職業探索及訓練、家庭處遇計畫等措施，保障少年就養、就學、就醫及就業之權益。（III）少年有特殊教育之需求者，各級教育主管機關應評估並運用特殊教育行政支持網絡提供支援、輔導與服務，並協調所涉社政、衛生、勞政及其他目的事業主管機關協助辦理。」

《少年法院與相關機關處理少年事件聯繫辦法》第 7 條：「（I）少年法院處理少年事件認有必要時，得依本法第四十二條第五項及第六項規定，徵詢適當之機關（構）、學校、團體或個人之意見或召開協調、諮詢或整合符合少年所需之福利服務、安置輔導、衛生醫療、就學、職業訓練、就業服務、家庭處遇計畫或其他資源與服務措施之相關會議。（II）少年有身心特殊需求或物質濫用情形，少年法院認有必要時，得依前項規定協調直轄市、縣（市）政府依少年情狀，本於權責提供或轉介特殊教育、諮商輔導、心理評估、心理衡鑑、戒癮、治療、其他衛生醫療或進行處遇所需之資源、措施及處所。（III）前二項情形，相關機關除依前條第二項及第三項辦理外，必要時，並得依少年或其家庭之需要，指派適當人員辦理。」

2.收容於少年觀護所

「少年是否會被關起來？」這經常是大家最關心的問題，也常是少年儘管百般不願意仍會配合法院處遇的主因。有時候法院會收到來自家長或教師的抱怨，覺得少年狀況已經很嚴重了，怎麼還不馬上把他／她關起來？但有時候少年與家長也會驚訝，怎麼自己這樣就被關了？其他少年卻還在外面都沒事？被收容的標準到底是什麼？這要從法律的規定講起，縱使少年調查官建議收容，法官也要審酌法律要件，不能單憑感覺下裁定，而且除非少年是現行犯，否則也不能立刻移送到法院，關於拘束人身自由的處分務必要嚴謹並踐行正當法律程序才可為之。《少年事件處理法》第 26 條第 1 項第 2 款前段規定：「少年法院於必要時，對於少年得以裁定為下列之處置：……二、命收容於少年觀護所進行身心評估及行為觀察，並提供鑑別報告。但以不能責付或以責付為顯不適當，[10] 而需收容者為限；……」

實務上，假如少年經常離家外宿，家長表示少年的交友環境複雜且無法掌控，而且少年經採驗尿液發現有持續施用毒品或短時間內陸續經移送多起案件，有事實證明少年的外在環境不良且反覆再犯時，法官便可能依法裁定將少年收容於少年觀護所；收容期間在調查或審理中均不得逾二個月，但有繼續收容之必要者，得於期間未滿前，由少年法院裁定延長之；延長收容期間不得逾一個月，以一次為限，另外少年、其法定代理人、現在保護少年之人或輔佐人，得隨時向少年法院聲請責付，以停止收容。

少年被收容於少年觀護所時都做些什麼呢？少年在所內的生活十分規律，會有固定的運動、用餐、休息時間外，少年觀護所也會安排各種教化、

---

[10]《少年保護事件審理細則》第 18 條第 2 項：「本法第二十六條第一項第二款所稱之責付顯不適當，應以少年之行為、性格及環境等為基礎，並注意下列事項：一、有自傷或暴力攻擊傾向。二、有暫時隔離不良環境之必要。三、有危害被害人或證人安全之虞。四、有反覆實施觸犯刑罰法律行為之虞。」

就學、就業、輔導或文康活動，其餘時間則在舍房內依作息時間撰寫書信、閱讀書報、觀賞影音。2019 年 6 月 19 日《少年事件處理法》修正公布，修正第 26 條第 2 款前段的規定，使少年觀護所除收容保護少年外，亦應兼具鑑別之功能，亦即應基於心理學、醫學、教育學、社會學等專門知識及技術，對少年進行身心評估及行為觀察等鑑別事項，以提供少年法院適當處遇之建議參考。因此少年法院在少年收容後一段時間，都會得到少年觀護所提供的鑑別報告，獲知少年收容期間的各項狀況（情緒狀態、學習反應、人際互動等），若少年有就醫需求、特殊事件發生，法院與少年觀護所也會保持聯繫並為及時處理。

　　家長可以依據少年觀護所的開放時間前往辦理接見，教師或社工等其他專業人員如需進入所內訪視少年，也可以依據各個法院網站所提供的表單進行申請，經許可後依照少年觀護所規定入所訪視，持續提供關心以及輔導。[11] 少年被收容時，面對陌生環境以及自由被剝奪，身心處於急劇變動的狀態，因此若能有熟悉的師長經常前往關心，對於穩定少年情緒極有助益，也通常是改變少年與學校關係的良機，教師入所後除了關懷少年，亦可以與少年檢視其過去的種種行為、未來如何遠離毒品誘惑，並做出所後的相關約定，鼓勵少年將收容經驗視為人生的轉捩點，重新調整目前的生活型態、交友對象，努力為自己爭取機會。

3. 交付觀察期間

　　少年事件的審理與少年的行為表現密不可分，而少年的生活往往處於時時變化的動態歷程，因此開庭經常不會只有一次就結束；少年法院為了了解少年行為是否有所改善，或是少年接受相關資源的情況，可能會將庭期再定為數週後，透過密集的開庭來督促少年改變；或者是依據《少年事件處理

---

[11] 各地法院與少年觀護所的規定略有不同，建議參閱所在地法院的網頁說明、「少年觀護所收容少年接見注意事項」等資料，或逕致電相關單位詢問。

法》第 44 條規定，正式地裁定「交付觀察」處分，將少年交付少年調查官爲六個月以內期間之觀察，亦得徵詢少年調查官之意見，將少年交付適當之機關、學校、團體或個人爲之，並受少年調查官之指導。最後由少年調查官提出觀察報告，再由法官決定是否爲保護處分或應爲何種保護處分。

　　在交付觀察期間，法官通常會在裁定書記載少年應遵守事項，其中包含聽從家長管教、不得晚歸外宿、應準時到校、不得遲到曠課、應遵守校規等基本要求，有些法院與當地醫院有合作的毒品戒癮計畫，亦可能會要求少年按時到醫院接受門診或心理治療、團體輔導。另外，爲了隨時追蹤少年表現，少年調查官也會定期安排少年至法院報到晤談，藉以了解其生活狀況以及是否有遭遇困難；如有必要，則會採驗尿液確認少年是否有持續藥物濫用之情形。若少年仍在校園中，其在校表現具有非常重要的參考價值，少年調查官也往往需要仰賴教師所提供的意見來隨時修正對少年的處遇建議。因此教師可以定期與少年調查官保持聯絡，透過電話、郵件交流彼此所掌握的資訊，比對少年所述是否眞實，共同協助少年解決生活疑難，必要時教師亦可在校召開個案研討會並函請少年調查官出席（建議儘量提前二週以上聯繫通知，以利安排時間）。

4.「需保護性」與裁定結果

　　少年法院處理少年保護事件的重點並非其行爲的可責性，而是少年的「需保護性」，也就是爲了評估少年的「需保護性」，所以才需要由少年調查官對少年的身心狀況、就學、就業、交友環境做全面性的社會調查，並在審理期間反覆觀察少年的行爲表現。舉例而言，某甲少年的家庭健全，平時正常就學，但段考完因爲好奇而在跟朋友到 KTV 時嘗試施用摻了安非他命的咖啡包（二級毒品）一次，經警察臨檢而查獲；某乙少年則是長期逃家，平時幾乎輟學，交友環境複雜，有長期抽 K 菸（三級毒品）的習慣，深夜在釣蝦場外抽 K 菸時被警察查獲。

此時，我們衡量甲少年與乙少年的「需保護性」高低並非以刑罰法定刑的嚴重程度來量化，認爲施用二級毒品的一定比施用三級毒品的判得更重，而是依照個案狀況，乙少年比起甲少年的「需保護性」更高，所以可能需要更多資源協助以及更長期的司法介入。總之，法院給二人的保護處分並不是分「輕重」，而是依據「適合」與否，給予適當處遇。目前《少年事件處理法》的保護處分主要分爲：「訓誡並予以假日生活輔導」、「保護管束（並得命爲勞動服務）」、「安置輔導」、「感化教育」等四種。

（四）保護處分執行期間

1. 不付審理或轉向處分

在談保護處分以前，我們應先了解並不是每個案件都一定會被裁定保護處分，以下分別說明二種不付審理的法律規定。

(1)《少年事件處理法》第 28 條第 1 項

「少年法院依調查之結果，認爲無付保護處分之原因或以其他事由不應付審理者，應爲不付審理之裁定。」實務上的案件常有少年尿液採驗結果初驗是陽性，但送到實驗室或檢驗所複驗時呈現陰性的「僞陽性」狀況，因爲證據不足、罪疑爲輕，所以法官只能裁定不付審理。

(2)《少年事件處理法》第 29 條第 1 項

「少年法院依少年調查官調查之結果，認爲情節輕微，以不付審理爲適當者，得爲不付審理之裁定，並爲下列處分：一、告誡。二、交付少年之法定代理人或現在保護少年之人嚴加管教。三、轉介福利、教養機構、醫療機構、執行過渡性教育措施或其他適當措施之處所爲適當之輔導。」此種狀況通常是指少年觸法的情節並不嚴重，需保護性也不高，家庭或學校已經具有適當功能，此時爲了避免司法標籤，法官可以裁定不付審理並將少年交由少年調查官告誡一次即爲已足，或裁定交由家長帶回管教，又或者是裁定「轉向處分」，將少年轉介給社福單位追蹤輔導。

如果少年被裁定不付審理或是轉介給社福單位輔導，代表司法暫時不會介入，需要回歸家庭、學校、社政單位繼續協助少年，但若日後少年仍有觸法行為或其非行持續惡化，則仍可依法移送或請求少年法院處理。教師此時可以加強對少年在校的輔導，也可以連結像是學諮中心、少年輔導委員會、社會局、毒品防制中心、民間社會福利團體等資源共同協助。

若少年非行屬實，經裁定保護處分者，依據少年繼續留在原社區環境（住在家裡、原校上課）或是需要進入機構內生活（安置機構、轉換學區、送矯正學校）的不同，可以分為社區型保護處分以及機構型保護處分。若是社區型保護處分，少年的就學狀況通常不會有所改變，教師可以持續與少年保護官聯絡，共同督促少年接受相關法院處遇，並改善其行止，遵守相關約定。若是機構型保護處分，少年通常面臨轉學或至矯正學校執行等問題，此時教師可以協助轉銜，將少年過去的在學狀況與輔導資料轉交給新學校的輔導室，必要時也可以召開個案轉銜會議，以利後手接續輔導。

2. 社區型保護處分

(1) 訓誡並予以假日生活輔導

訓誡處分係由法官執行，以淺顯易懂的語言對少年加以勸導，並將曉諭少年應遵守之事項，以書面告知少年及其法定代理人或現在保護少年之人。假日生活輔導是在法官執行訓誡處分後，將少年交由少年保護官進行三至十次的輔導，或是依據少年保護官的意見將少年交由適當的機構或團體輔導，利用假日執行，這裡所稱的假日並不以國定假日為限，凡是少年的非上課、工作時間均屬之。

假日生活輔導通常適用於有正常上課或就業的少年，可避免其經常請假而影響一般生活，少年保護官透過三至十次的個別晤談、輔導課程來加強少年的守法意識，可能提供的課程內容包括法治教育、衛生教育、毒品危害防制教育、性別教育等，依照少年的需求而定。若少年在應接受輔導的期間，

無正當理由遲到、早退且情節重大者，該次假日生活輔導將不予計算；若少年有刻意規避執行的情形，少年保護官會先向法官聲請核發勸導書給少年，請少年改善並到院接受輔導，但若勸導無效，少年保護官會再向法官聲請裁定留置少年於觀護所，予以五日的觀察。

(2) 保護管束（並得命勞動服務）

保護管束係由少年保護官對少年進行三年的監督輔導，在保護管束期間，少年應遵守法院指定的事項，定期報到時需要向保護官報告最近的生活狀況。保護官會針對少年的觀念、就學、就業、就醫、就養、交友等事宜給予輔導，並且與少年常保持接觸，依據少年狀況調整輔導頻率，並定期到家庭或學校、工作場所訪視，不時會請少年到法院參加各種輔導活動，例如：毒品危害防制教育、親子手作課程、體適能運動，也會轉介少年參加其他單位的輔導計畫，例如：醫院的戒癮方案、毒品防制局（毒品危害防制中心）的家庭支持服務、勞動部訓練就業中心的職業訓練等。若少年無故規避執行或違反應遵守事項，保護官會給予勸導書，經勸導二次以上，保護官可向法官聲請將少年留置在少年觀護所觀察五天，若少年仍持續違規或情節重大，足認保護管束難收成效時，保護官會向法官聲請撤銷保護管束，此時少年保護管束剩餘的執行期間則要接受感化教育。

若少年係因施用第一級、第二級毒品而被裁定保護管束者，需要定期採驗尿液，採驗頻率如下：①保護管束期間開始後前二個月內，每二週採驗一次；②保護管束期間開始後第三個月至第五個月，每一個月採驗一次；③所餘月份，每二個月採驗一次。其他非定期採驗的受保護管束少年，在有事實足認其有施用毒品嫌疑時，保護官在獲得少年以及法定代理人同意，並報請法官許可後，得臨時採驗其尿液。[12] 若是驗到陽性反應，保護官可以依少年

---

[12]《毒品危害防制條例》第 25 條第 1 項：「犯第十條之罪而付保護管束者，或因施用第一級或第二級毒品經裁定交付保護管束之少年，於保護管束期間，警察機關或執行保護管束者

情況彈性處理，有依法勸導、聲請留置觀察或簽分新案等做法，但應報請法官同意。藉由採驗尿液，可以確認少年是否持續施用毒品，但實務上少年常常會提出各種理由，例如：「我跟朋友去唱歌，隔壁包廂傳過來，我不小心聞到的」、「我最近失眠，有到藥局拿一些安眠藥，可能是那個的關係」，然而保護官並非看見陽性報告便見獵心喜地要將少年抓去關，而是透過採驗結果、少年的解釋，來促使少年誠實面對自己的生活狀況：是否交友環境仍有高風險（保護管束期間還到酒店唱歌、出入不當場所，聞到 K 味仍不離開，爲何在包廂吸二手 K 菸？）、是否有不正確的用藥習慣（失眠藥物需要醫師處方籤，不能自己隨便購買，很容易成癮），在這個非自願輔導的歷程中，讓少年逐漸自主地產生遠離毒品的動機，並培養辨識環境風險、了解復發因子的意識，進而回歸現實生活、演練拒絕技巧。

　　採驗尿液常被視爲負面標籤，但實際操作上可以賦予它正向的意義，它可以是少年向法院、家人證明自己已經沒有再施用毒品的機會，若數月連續採驗陰性，亦可以作爲早日聲請免除保護管束的佐證。透過鼓勵的方式，少年常常會驕傲地說出他／她不再繼續用藥的原因：「因爲一直被懷疑很煩

應定期或於其有事實可疑爲施用毒品時，通知其於指定之時間到場採驗尿液，無正當理由不到場，得報請檢察官或少年法院（地方法院少年法庭）許可，強制採驗。到場而拒絕採驗者，得違反其意思強制採驗，於採驗後，應即時報請檢察官或少年法院（地方法院少年法庭）補發許可書。」

《法院辦理少年尿液採驗應行注意事項》第 3 點：「（I）少年保護官依毒品危害防制條例第二十五條第一項規定執行定期採驗尿液時，其實施採驗期間如下：（一）保護管束期間開始後，前二個月內，每二週採驗一次。（二）保護管束期間開始後，第三個月至第五個月，每一個月採驗一次。（三）所餘月份，每二個月採驗一次；所餘月份不足二月者，免予採驗。除定期採驗外，少年保護官認少年有事實可疑爲施用毒品時，亦得通知其到場採驗。（II）犯毒品危害防制條例第十條之罪與他罪合併執行刑之假釋付保護管束者，其定期採驗尿液期間，爲一年六個月。期間內之尿液採驗次數，依第一項規定辦理。（III）前項保護管束期間不滿一年六個月者，採驗尿液期間至保護管束期滿止；保護管束期間超過一年六個月者，超過部分，執行保護管束者於必要時，仍得採驗尿液。」

啊，想打臉你們」、「用那個沒意義又花錢，還要一直跑法院」、「我都跟朋友（用藥者）講說我要回法院驗尿，後來他們就不找我出去了，我交友圈都換過」、「之前有朋友吃壞了，還有暴斃在汽車旅館的，我會怕」。不論原因爲何，採驗陰性都值得保護官在少年以及其家長面前大力稱讚，透過正增強來加深少年對戒毒的認同。在保護管束期間，少年若能得到成就感的滿足並找到生活重心，就不太需要藉由藥物來麻痺自己獲取短暫歡愉。

3. 機構型保護處分

(1) 安置輔導

當家庭無法提供適當教養功能而有轉換環境之必要時，法院可裁定少年接受安置輔導，使其在福利機構健全成長，以符合保護優先主義之目的。[13] 在找尋機構的過程中，保護官會考量該機構的地點、屬性是否適合少年，亦會提供書面資料請機構進行評估並與少年面談，若機構確定收案，則會陸續安排少年健康檢查、學籍異動等事宜。前置工作完成，少年經法院裁定安置輔導後，原則上會通知少年及其法定代理人到院接受安置輔導之執行，當場告知相關法律規定，再將少年護送至安置之機構，並交付相關資料予機構人員。

在送交機構執行安置輔導四週內，少年保護官會與安置機構共同擬定安置輔導計畫，計畫之訂定以使少年重返家庭、學校及參加社會活動爲目標。在執行期間，機構會按月將安置輔導紀錄表函報少年法院，而少年保護官也會經常與機構保持聯繫並適時訪視，及時協助機構內發生之問題，掌握安置機構之教養功能，提高輔導成效。安置輔導期間爲二個月以上、二年以下，

---

[13] 關於「少年保護優先主義」可以參考 1997 年 10 月 2 日《少年事件處理法》全文修正時，第 1 條之 1 的修法理由：本法立法精神採少年保護優先主義，對非行少年採矯治、預防等保護措施，且「管訓處分」之名稱，懲罰意味濃厚，爲維護少年自尊心及貫徹保護少年之立法精神，宜將「管訓處分」、「管訓事件」之名稱修正爲「保護處分」、「保護事件」。

若執行已逾二個月，著有成效，認為無繼續執行之必要者，或有事實上原因以不繼續執行為宜者，安置機構、少年、少年之法定代理人等得檢具事證，聲請法院免除其執行。另一方面，如安置期滿時認為有繼續安置輔導之必要者，得聲請法院裁定延長，其延長期間不得逾二年。少年在安置輔導期間違反應遵守之事項，情節重大或曾受《少年事件處理法》第 55 條之 3 留置觀察處分後，再違反應遵守之事項，足認安置難收效果者得聲請法院裁定撤銷安置輔導，將所餘期間執行感化教育。

(2) 感化教育

感化教育對於少年的人身自由拘束最為強烈，也經常是少年法院所考慮的最後手段，法律亦規定保護管束或安置輔導難收成效時，將轉換為感化教育。因此大部分經裁定感化教育的少年，多是在社區中經過多次嘗試，用盡輔導資源後，才進入感化教育處所。例如：少年保護管束不正常報到，又接連再犯新案，交友環境十分複雜，有轉換環境的必要時，即可能被裁定感化教育。

感化教育係由桃園的敦品中學、彰化的勵志中學、新竹的誠正中學等三所機關執行，其目的在矯正少年不良習性，使其改過自新，並按其實際需要，協助少年完成國民義務教育，或是授予生活智能、提供職業訓練，使少年具備自謀生計之能力、能適應正常社會生活。感化教育之執行，其期間不得逾三年。少年執行已逾六個月，認無繼續執行之必要者，得由少年保護官或執行機關檢具事證，聲請法院免除或停止其執行。少年或少年之法定代理人認感化教育之執行有前項情形時，得請求少年保護官為前項之聲請。停止感化教育之執行者，所餘之執行期間，應由法院裁定交付保護管束。

三、其他常見的實務問題

（一）如果少年或家長不配合法律程序會怎麼樣？

1.同行與協尋

　　《少年事件處理法》第 22 條第 1 項前段規定：「少年、少年之法定代理人或現在保護少年之人，經合法傳喚，無正當理由不到場者，少年法院法官得依職權或依少年調查官之請求發同行書，強制其到場。」也就是說少年收到法院合法送達的傳喚通知書後，如果未到法院出庭或接受執行，法官可以發出同行書，請警察陪同少年到法院，但爲了避免少年受鄰居指指點點，法律也明定同行執行時，應注意少年的身體以及名譽。那如果少年長期逃家，警察到了少年家裡仍找不到人怎麼辦呢？《少年事件處理法》第 23 條之 1 第 1 項規定：「少年行蹤不明者，少年法院得通知各地區少年法院、檢察官、司法警察機關協尋之。但不得公告或登載報紙或以其他方法公開之。」亦即由相關單位共同協尋這位少年，找到人以後再護送至少年法院。

2.強制親職教育

　　如果少年的法定代理人有忽視教養的事實，而導致少年觸犯刑罰法律經判處保護處分或刑之宣告，或是法定代理人的行爲導致保護處分難收效果時，法院得裁定其接受八小時以上、五十小時以下的親職教育輔導，來加強其教養功能。如果少年的法定代理人拒不接受親職教育輔導或是時數不足，少年法院可以對其裁罰**新臺幣 6,000 元以上、3 萬元以下罰鍰**，如果再經通知仍不接受，可按次連續處罰，至其接受爲止。經連續處罰三次以上，法院並得裁定公告法定代理人的姓名。

（二）少年的人生是否會留下污點？

1. 少年事件保密

《少年事件處理法》第 34 條規定，少年事件的調查與審理都是不公開的，但是少年的親屬或教師可以在法院許可下在場旁聽。另外，同法第 83 條第 1 項規定：「任何人不得於媒體、資訊或以其他公示方式揭示有關少年保護事件或少年刑事案件之記事或照片，使閱者由該項資料足以知悉其人為該保護事件受調查、審理之少年或該刑事案件之被告。」《兒童及少年福利與權益保障法》第 69 條亦有類似的規定，禁止對外揭露兒童及少年的個人隱私訊息。

少年事件的共同工作者眾多，包含少年調查保護官、教師、心理師、社工等不同專業人員，亦常有召開個案聯繫會議交流資訊之機會，《少年法院與相關機關處理少年事件聯繫辦法》第 11 條規定：「少年法院及相關機關傳輸、遞送、利用或為其他處理涉及少年事件之資料時，應注意依本法第八十三條、兒童及少年福利與權益保障法第六十九條及保障少年隱私相關之規定，妥適保護足資識別少年身分及少年事件之資訊，不得使處理業務以外之人得以見聞或知悉。」因此相關工作者處理少年事件資訊時，務必注意加註警語、去識別化、回收會議文書等細節。

2. 前科塗銷規定

大部分的家長與教師都會擔心少年留下前科紀錄，影響其未來求職、就業的相關發展，但依據《少年事件處理法》第 83 條之 1 第 1 項規定：「少年受第二十九條第一項之處分執行完畢二年後，或受保護處分或刑之執行完畢或赦免三年後，或受不付審理或不付保護處分之裁定確定後，視為未曾受各該宣告。」為了愛惜少年名譽、不影響其日後發展，法院在期限屆滿後，會主動通知保存少年前科紀錄及有關資料的機關，將前科紀錄加以塗銷，等同於無前科紀錄。因此不會影響少年申請大學、報考軍校、參加警察特考、

成為志願役軍人等相關權益。

3. 洩漏兒少秘密或前科紀錄的罰則

舉例而言，如果教師不慎在家長群組中提到某位同學因案被法院收容而沒到校上課，或提到少年事件內容、該位同學的前科紀錄，群組內家長則將訊息畫面截圖上網爆料：「驚傳某私校成販毒大本營，學生遭法院收容！販毒少年早有前科！」此時即違反上述法規，亦可能導致少年重返學校、社區的困難與嚴重標籤化傷害。《少年事件處理法》設有罰則，第 83 條之 2 規定：「違反前條規定未將少年之前科紀錄及有關資料塗銷或無故提供者，處六月以下有期徒刑、拘役或新臺幣三萬元以下罰金。」對於工作者來說，處理相關資訊時不可不慎。

（三）老師擔心出庭作證影響師生關係怎麼辦？

若教師是被法院以證人身分傳喚，基於《刑事訴訟法》第 176 條之 1 規定：「除法律另有規定者外，不問何人，於他人之案件，有為證人之義務。」同法第 178 條第 1 項則規定：「證人經合法傳喚，無正當理由而不到場者，得科以新臺幣三萬元以下之罰鍰，並得拘提之；再傳不到者，亦同。」由於任何人都有作證的法定義務，若不願意出庭作證，可能面臨罰鍰，但大部分案件中，若教師不是案件關係人，應不會被以證人身分傳喚詢問案情，而是法院希望能請求教師共同協助少年事件而通知出庭。此時，教師可能會感到為難，擔心在少年面前陳述其行為表現會影響師生關係，日後不再被少年信任，甚至擔憂會被少年埋怨報復。若教師有此種顧慮，可以事先與少年調查官聯繫，商量其他替代方案，例如：改以提供書面意見的方式，或是提供中性的少年學行資料讓法院客觀評判，抑或事先詢問法官可否隔離訊問，先令少年暫時離開法庭，讓教師得以放心地單獨陳述。在實務情境裡，少年面對指責有時會出現向外歸因的想法，例如：「我爸媽（老師）在法庭上不幫我講話，害我被關。」此種說法很容易造成重要他人的情緒負

擔，故此時有必要向少年澄清：「會害少年被關的，只有少年自己的行為，與他人無涉。」藉以培養少年自身的責任感，而非任其情緒勒索。

（四）司法進行時如何兼顧學生的受教權

　　少年事件的調查以及審理通常訂於一般政府機關辦公日（即平日），若少年仍在學，應持法院傳喚通知書向學校依規定辦理請假，此時教師可以給予相關提醒以及協助，避免少年因出庭或報到而遭記曠課。縱使少年因案被收容，其仍保有學籍，相關在校權益不應被剝奪，此時教師可以申請進入少年觀護所內探視少年，提供相關課業筆記、作業，甚至可以提供段考考卷讓少年在所內補考。

　　法院經常要求少年應按時到校，但因為少年輟學過久，難以跟上班級作息或適應校園生活而被暫時留置於輔導室，有時候少年會告訴法院：「老師說我有每天去簽到就好，簽完就可以離開、不用上課」，而經少年調查保護官查核後並非事實，學校係要求少年每天到輔導室晤談、在資源班進行補救教學或是參加技藝課程，但少年卻都略而不提，打算敷衍以對。此時教師可以與少年調查保護官聯繫，確認少年的復學適應計畫，避免少年產生規避行為，讓受教權的保障流於形式。

（五）陪伴學生面對司法，老師您可以這麼做！

　　最後，我們將少年事件處理程序簡化為圖 3-5-1，提供不同程序階段的重點，並建議教師們在相對應的階段可以怎麼做。但其中關於保密義務、資源聯繫、持續輔導等，其實應該貫穿整體程序，因此圖 3-5-1 僅供實務運用時的參考以及提醒。

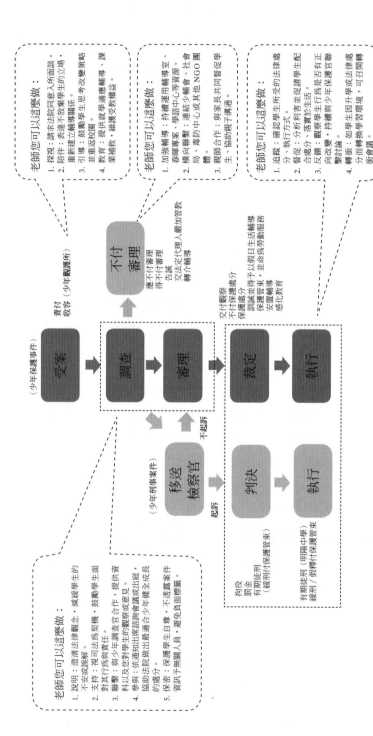

老師您可以這麼做：
1. 探視：請求法院同意入所面談。
2. 陪伴：表達不放棄學生的立場，重新建立輔導關係。
3. 引導：鼓勵學生思考改變策略並重返校園。
4. 教育：提供就學適應輔導、課業補救，維護受教權益。

老師您可以這麼做：
1. 加強輔導：持續運用輔導、督導專案，運結中心等資源。
2. 橫向連繫：連繫少輔會、社會局、事防中心或其他 NGO 團體。
3. 親師合作：與家長共同督促學生、協助親子溝通。

老師您可以這麼做：
1. 追蹤：確認學生所受的法律處分、執行方式。
2. 督促：分析利害並請學生配合處置，落實於生活。
3. 反饋：觀察學生行為是否有正向改變，持續與少年保護官繫討論。
4. 轉銜：如學生因升學或改變學習環境，可召開輔銜會議。

老師您可以這麼做：
1. 說明：澄清法律觀念，減緩學生的不安或誤解。
2. 支持：視司法為契機，鼓勵學生面對其行為與責任。
3. 陪繫：與少年調查官合作，提供資料以及您對學生的觀察或意見。
4. 參與：依通知如席詢問會議出庭，協助法院做出最適合少年健全成長的處分。
5. 保密：保護學生自尊，不洩露案件資訊予無關人員，避免負面標籤。

圖 3-5-1　少年司法與校園的互動簡圖

附錄　少年輔導委員會設置及輔導實施辦法

民國 111 年 9 月 14 日行政院、司法院令會同訂定發布全文 19 條；並自 112 年 7 月 1 日施行。

第 1 條
本辦法依少年事件處理法（以下簡稱本法）第十八條第七項規定訂定之。

第 2 條
直轄市、縣（市）政府應設少年輔導委員會（以下簡稱少輔會），整合所屬社政、教育、衛政、戶政、警政、民政、勞政、財政、毒品危害防制等機關（單位）業務及人力，並統合金融管理、移民及其他相關資源，辦理下列事項：

一、對有本法第三條第一項第二款行為之少年開案輔導。

二、召集聯繫會議，督導及協調前款少年輔導事項。

三、編製年度工作報告。

四、向少年法院提出處理之請求。

五、兒童及少年福利與權益保障法或其他法律規定得辦理之事項。

第 3 條
少輔會置委員十五人至二十五人，其中一人為主任委員，由直轄市長、縣（市）長擔任，一人為副主任委員，由直轄市副市長、縣（市）副縣（市）長擔任；其餘委員分別就下列人員派兼或遴聘之：

一、社政、教育、衛政、毒品危害防制、警政、民政、勞政機關（單位）首長。

二、具社會工作、醫護、心理、特殊教育或其他與少年輔導工作相關知識或經驗之學者、專家、民間團體及機構代表。

三、少年法院（庭）庭長、主任調查保護官。

四、少年代表一人或二人。

前項委員中，學者、專家、民間團體及機構代表人數，除連江縣政府少輔會不得少於委員總數四分之一外，其餘直轄市、縣（市）政府少輔會不得少於委員總數三分之一；任一性別人數均不得少於三分之一。

少輔會委員任期二年，期滿得續聘（派）之。其由機關（單位）代表出任者，應隨其

本職進退；非由機關（單位）代表出任者，得隨同主任委員異動改聘之。

少輔會委員於聘任期間因故出缺或異動時，其補（改）聘委員之任期至原任期屆滿爲止。但出缺之日至原委員任期屆滿之日，未滿三個月者，不予補（改）聘。

第 4 條

少輔會委員會議應至少每三個月開會一次，必要時得召開臨時會議。

前項會議，由主任委員爲主席；主任委員不能出席時，由副主任委員代理之。主任委員及副主任委員均不能出席時，由主任委員指定委員一人代理之。

委員應親自出席第一項會議。但由機關（單位）代表兼任之委員未能親自出席時，得指派科（室）主管出席，並通知少輔會。

第 5 條

少輔會置執行長一人，由直轄市、縣（市）政府副秘書長以上層級人員擔任，承主任委員指示，綜理少輔會業務及委員會議決議之執行；副執行長三人至四人，由社政、教育、衛政、警政機關（單位）副首長擔任。

少輔會得依實際業務需求分設行政及輔導等組辦事；各組組長由主任委員調派社政、教育、警政機關人員或聘任專業人員擔任之；各組置專責組員至少一人，由相關專業人員擔任。

執行長得指派副執行長監督、指導少輔會工作之辦理；涉及機關間之合作者，由執行長協調辦理，未能協調時，由委員會議決議指定，或由委員會議決議授權主任委員指定特定機關（單位）主辦或協辦。

第二項分組之具體規劃、分層負責事項，得由各直轄市、縣（市）政府自行評估辦理，並得由各直轄市、縣（市）政府依資源可接近性、便利性、資源連結性設置適當辦公處所。

第 6 條

少輔會得採取或協助辦理下列事項：

一、輔導相關之調查及訪視。

二、危機介入；必要時轉介權責機關依法提供安置服務。

三、社會與心理評估、諮商、身心治療及其他處置。

四、召開協調、諮詢或整合符合少年所需之社會福利、衛生醫療、就學、就業、法律服務或其他資源與服務措施之相關會議。

五、依法提供少年及其家庭必要之社會福利、保護、衛生醫療、就學、就業、法律諮

詢等服務。

六、少年有身心特殊需求者，提供或轉介特殊教育及身心障礙服務。

七、案件之轉銜與追蹤及管理。

八、規劃及執行少年有本法第三條第一項第二款行為之預防。

九、其他有關輔導及服務之事項。

第 7 條

少輔會為執行第二條第一款規定事項，應配置專職少年輔導員、專職或兼職之督導人員，由具備社會工作、心理、教育、家庭教育或其他相關專業人員擔任。

少輔會為強化輔導少年工作功能，得遴聘下列人員為少年輔導志願服務者，協助從事前條第八款之預防工作及業務：

一、具備輔導或前項專業學識或經驗人士。

二、大專校院前項專業相關科系學生。

三、當地熱心公益人士。

第 8 條

少輔會接獲司法警察官、檢察官、法院、對少年有監督權人、少年之肄業學校或從事少年保護輔導相關機關（構）轉介少年案件，或少年本人主動通知或請求後，應於受理後十四日內判斷有無本法第三條第一項第二款規定情形，並決定是否開案輔導；決定結果應通知原通知或請求之機關（構）、學校或個人。

前項通知或請求有二以上少輔會接獲者，由少年住所或居所所在地之少輔會決定是否開案輔導並通知原通知或請求者；少年有跨轄區移動或行蹤不明情形者，由接獲通知或請求在先之少輔會為之。

第一項之通知或請求，得以書面、言詞、電話、傳真、資訊網路或其他適當方式為之。

第 9 條

少輔會為前條第一項決定前，必要時得訪視少年及其家庭或相關場所，並得請求法院、檢察機關、警政、戶政、社政、衛生醫療、教育及其他相關機關（構）、團體協助提供少年及其家庭相關資料，受請求之機關（構）、團體除法律另有規定外，應予配合。

第 10 條

少輔會決定開案輔導後，應通知少年本人及對少年有監督權人。

少輔會發現開案輔導之少年住居所所在地與該會不在同一直轄市、縣（市）時，得附具說明，轉介至少年住居所所在地之直轄市、縣（市）政府少輔會輔導；少年因遷居、轉學等事由居住於其他直轄市、縣（市）超過一個月，有必要轉介至其他直轄市、縣（市）政府少輔會者，亦同。

少輔會對於決定不予開案輔導之案件，得依少年需求轉介其他機關（構）、學校依法提供少年及其家庭必要之協助。

第 11 條

少輔會針對開案輔導個案，應於決定開案之日起一個月內提出個別化服務計畫，並適時調整計畫內容。

開案輔導期間應每月至少安排訪視少年一次，並撰寫輔導紀錄。

少輔會得依輔導對象之需求，請求其他少年保護輔導相關機關（構）、團體提供協助，被請求之機關（構）、團體應予配合。

對於開案輔導之對象有其他服務體系共同輔導時，應由少輔會統籌，秉持協調合作精神，與相關網絡共案服務。

第九條規定，於第一項情形準用之。

第 12 條

開案輔導案件有下列情形之一者，得作成結案報告辦理結案：

一、經輔導成效評估為輔導目標已達成之案件。

二、輔導對象年滿十八歲，且現非少年保護事件或少年刑事案件之當事人。

三、輔導對象死亡。

四、依第十條第二項規定，已轉介至其他直轄市、縣（市）政府少輔會。

五、有第十三條第四項規定情形。

前項第一款所稱輔導目標已達成，指經少輔會評估輔導對象之曝險危機降低，且持續三個月以上未再發現可能危害其健全自我成長之事態。

少輔會得委請學者專家協助辦理第一項結案之評估，並就評估結果合併製作結案報告。

依第一項第二款結案之案件，有接受社會福利、衛生醫療、就學就業或其他資源及服務之需求者，少輔會得轉介其他機關（構）處理。

少輔會辦理結案時，應通知輔導對象本人及對其有監督權人，並說明結案事由及後續處理方式。

第 13 條

開案輔導案件經採取第六條相關措施仍未能改善，經評估認由少年法院處理始能保障少年健全之自我成長者，得依本法第十八條第六項，檢具個案基本資料表、個別化服務計畫、輔導歷程摘要報告、輔導成效評估報告等資料，向當地少年法院提出請求。

少輔會於開案審核後至進行輔導期間，少年有觸犯刑罰法律之行為，應檢具前項資料，向當地少年法院提出請求。

少年法院認為少輔會提出之曝險行為事由或第一項之資料不完備者，得限期請少輔會補正，少輔會應於限期內補正。

第一項及第二項案件於向少年法院提出請求後，少輔會應繼續輔導，並於報經少年法院指示無續行必要時，辦理結案。

第 14 條

開案輔導案件有輔導對象行蹤不明經協尋或離開國境逾三個月者，少輔會得先辦理結案。

前項情形，少年經協尋到案或回國時未滿十八歲者，少輔會應再開案輔導。

少年本人及對少年有監督權人拒絕或不配合輔導者，少輔會仍應積極依第六條規定辦理或採取其他必要措施。

第 15 條

少輔會對於輔導相關資料應妥善保存至少七年。輔導對象曾為少年保護事件或少年刑事案件之當事人者，並應配合少年法院之通知塗銷前案紀錄及有關資料。

除因現實上無法提供服務而結案者外，少輔會對於已辦理結案之案件，應繼續追蹤至少六個月或至輔導對象年滿十八歲為止。

第 16 條

少輔會應每年編製年度工作報告，依所在直轄市、縣（市）之特性及需求，辦理下列項目：

一、個案輔導基本資料、服務內容、輔導措施種類、後續追蹤與結案情形統計及分析。

二、辦理曝險少年預防活動次數及服務人數。

三、社工、心理、教育、家庭教育與其他相關專業人力聘用率、流動率及人員訓練內容。

四、府級或特定議題跨網絡合作聯繫會議或個案研討會議。

五、少年輔導相關研究或實務報告、政策建議、宣導內容。

年度工作報告應依實際執行情形及成果編製，經翌年第一次委員會議討論通過後，報內政部備查。

第 17 條

直轄市、縣（市）政府應每年編列少輔會業務預算，並依據前年度少輔會受理案件數量、實際提供之服務與從事之業務內容及相關經費需求等，調整編列數額。

直轄市、縣（市）政府應定期評估少輔會之資源及人力需求，並得依據前年度少輔會受理案件數量、實際提供之服務及從事之業務內容等，調整少輔會與其他少年保護輔導相關機關（構）間之人力、經費及其他資源配置。

第 18 條

少輔會得以該會或主任委員之名義對外行文。

第 19 條

本辦法自中華民國一百十二年七月一日施行。

國家圖書館出版品預行編目(CIP)資料

用藥少年：寫給老師的校園法規與輔導實務／
彭子玲等著.--初版.--臺北市：五南圖書出
版股份有限公司,2023.10
面；　公分.

ISBN 978-626-366-229-2 (平裝)

1.CST: 反毒 2.CST: 毒品
3.CST: 藥物濫用防制 4.CST: 青少年輔導

548.82　　　　　　　　　112009505

1QPC

用藥少年：寫給老師的校園法規與輔導實務

主　　編 — 林俊儒（122.7）

作　　者 — 彭子玲、王修梧、吳芷函、陳玟如、林俊儒

　　　　　　黃子萍、彭偉銓、許嘉菱

發 行 人 — 楊榮川

總 經 理 — 楊士清

總 編 輯 — 楊秀麗

副總編輯 — 劉靜芬

責任編輯 — 黃郁婷、許珍珍

封面設計 — 黃楚甯（Away）、柯哲瑜（Yuri）、姚孝慈

出 版 者 — 五南圖書出版股份有限公司

地　　址：106台北市大安區和平東路二段339號4樓

電　　話：(02)2705-5066　傳　　真：(02)2706-6100

網　　址：https://www.wunan.com.tw

電子郵件：wunan@wunan.com.tw

劃撥帳號：01068953

戶　　名：五南圖書出版股份有限公司

法律顧問　林勝安律師

出版日期　2023年10月初版一刷

定　　價　新臺幣350元

經典永恆・名著常在

五十週年的獻禮 —— 經典名著文庫

五南，五十年了，半個世紀，人生旅程的一大半，走過來了。

思索著，邁向百年的未來歷程，能為知識界、文化學術界作些什麼？

在速食文化的生態下，有什麼值得讓人雋永品味的？

歷代經典・當今名著，經過時間的洗禮，千錘百鍊，流傳至今，光芒耀人；

不僅使我們能領悟前人的智慧，同時也增深加廣我們思考的深度與視野。

我們決心投入巨資，有計畫的系統梳選，成立「經典名著文庫」，

希望收入古今中外思想性的、充滿睿智與獨見的經典、名著。

這是一項理想性的、永續性的巨大出版工程。

不在意讀者的眾寡，只考慮它的學術價值，力求完整展現先哲思想的軌跡；

為知識界開啟一片智慧之窗，營造一座百花綻放的世界文明公園，

任君遨遊、取菁吸蜜、嘉惠學子！